Brújula para navegantes emocionales

Los secretos de nuestras emociones

Edición actualizada

Brújula para navegantes emocionales

Los secretos de nuestras emociones

ELSA PUNSET

Edición actualizada

Brújula para navegantes emocionales
Los secretos de nuestras emociones

Primera edición: noviembre de 2015

D. R. © 2008, Elsa Punset Bannel

D. R. © 2015, derechos de edición mundiales en lengua castellana:
Penguin Random House Grupo Editorial, S. A. de C. V.
Blvd. Miguel de Cervantes Saavedra núm. 301, 1er piso,
colonia Granada, delegación Miguel Hidalgo, C. P. 11520,
México, D. F.

www.megustaleer.com.mx

ISBN: 978-607-31-3900-7

Impreso en México – *Printed in Mexico*

El papel utilizado para la impresión de este libro ha sido fabricado a partir de madera procedente
de bosques y plantaciones gestionadas con los más altos estándares ambientales, garantizando
una explotación de los recursos sostenible con el medio ambiente y beneficiosa para las personas.

Penguin
Random House
Grupo Editorial

Índice

Introducción

Navegar sin naufragar por el mundo de las emociones requiere una brújula. Porque no basta con amar: hay que amar de forma incondicional. No basta con escuchar: hay que escuchar atentamente. No basta con llorar: hay que aprender a superar el dolor. No basta con intentar resolver los problemas de quienes amamos: hay que ayudarles a responsabilizarse y a sobreponerse a los obstáculos. Cuando necesitan una solución no basta con darles *nuestra* solución: debemos ayudarles a encontrar sus propias soluciones. Si tenemos hijos, no basta con alumbrarles y proyectar en ellos nuestras esperanzas. Necesitan que les eduquemos con amor incondicional y un día, cuando ellos sientan que están preparados para enfrentarse solos a la vida, les dejemos ir en libertad. Para seguir nuestro propio camino, sin miedo.

Sin embargo, nada de esto responde a la forma posesiva de amar de los seres humanos, ni al sentido instintivo de protección de los padres, ni a nuestro miedo visceral al cambio, ni a capacidad innata alguna que nos permitiera, en un mundo ideal, reconocer y sanar nuestras propias heridas emocionales. Requiere, en cambio, adquirir una serie de destrezas. Estas destrezas resultan muy eficaces de cara a nuestras relaciones con los demás, a nuestra felicidad personal y a la educación de nuestros hijos. Sería más sencillo si estas destrezas fueran innatas. Sin embargo, no lo son, porque evolutivamente como especie sólo estábamos diseñados para cumplir ciertas funciones básicas: bastaba con alumbrar al hijo; con quedarse a su lado hasta que pudiese valerse por sí mismo; con satisfacer sus necesidades físicas, porque las emocionales quedaban abrumadas por la presión por sobrevivir. La vida antaño era más corta y se invertía muy poco en el mantenimiento de las estructuras básicas. Amar era, por encima de todo, proteger a los suyos de los peligros del mundo exterior. Vivir era, por encima de todo, sobrevivir.

Éste no es el mundo al que nos enfrentamos actualmente ni al que se enfrentarán nuestros hijos. A lo largo de los siglos nos habíamos esforzado en domar las emociones, en encerrarlas en sistemas de vida ordenados y represivos. Pero no existen ya las estructuras fuertemente jerarquizadas de la Iglesia y de la sociedad, aquellas que nos hubiesen indicado, hasta hace muy poco, qué lugar ocupar y qué papel desempeñar en el mundo. Ante su dictado sólo cabía resignarse o rebelarse. En este sentido las opciones de vida eran más sencillas. Hoy vivimos en un mundo que nos abruma con tentaciones y decisiones múltiples y tenemos que decidir en soledad, sin referentes claros, quiénes somos y por qué nos merece la pena vivir y luchar. A caballo entre un mundo virtual y real tenemos que asumir que las decisiones que tomamos de cara a los demás provocan efectos duraderos. No podemos escondernos tras la ignorancia, porque hoy en día sabemos que la violencia engendra violencia, que el odio se multiplica como las ondas en el agua al tirar una piedra. Si pegamos a nuestros hijos, probablemente ellos pegarán a sus hijos. Si les educamos sin desarrollar su autoestima, dejarán que los demás les maltraten. Si les damos nuestro amor de forma condicional, sólo sabrán amar esperando algo a cambio. Amplificarán en cada generación el dolor y la ignorancia heredados.

El primer paso para entender las emociones de los demás es conocerse a uno mismo. Conocerse a uno mismo es escarbar en nuestro sustrato emocional, desentrañar nuestros impulsos y entender las fuentes de nuestra ira y de nuestro dolor para poder convivir más armoniosamente con nuestras emociones y con las de los demás. Gracias a la extraordinaria plasticidad del cerebro, aunque nuestros patrones emocionales sean negativos, podemos repararlos y mejorarlos: sólo hay que aprender a analizar y a comprender el sustrato emocional de nuestras vidas.

Conocerse a uno mismo es lo que reclama la mayoría de las tradiciones filosóficas. Estudié Filosofía en Magdalen College, en la Universidad de Oxford, en Inglaterra. Allí conocí personas, compañeros y maestros, académicamente brillantes y en apariencia dispuestos a descubrir y a compartir las respuestas a las preguntas básicas que se plantean los seres humanos acerca del significado de la vida. Recuerdo aquellos años como el inicio brillante y heterodoxo de la vida, un momento en que todo era alcanzable y las posibilidades se nos antojaban ilimitadas. La juventud parecía limar diferencias y abrir todas las puertas. Pero no éramos todos iguales, ni mucho menos. En retrospectiva puedo ver claramente cómo la educación y la genética que cada uno aportábamos marcaba desde el inicio, y de forma muy decisiva, nuestros caminos. En poco tiempo, apenas unos años, pasamos de tener una hoja en blanco sobre la cual poder escribir con libertad a ser, evidentemente, prisioneros y a veces víctimas de nuestros condicionantes emocionales y sociales. Aunque pareciera que todos teníamos oportunidades similares, en realidad cada uno llevaba consigo, de forma obstinada, determinados patrones emocionales que nos hacían tropezar con obstáculos que podíamos haber evitado pero a los que no nos sabíamos enfrentar.

En el terreno del amor, en el que todos empezábamos a ensayar, y en la planificación y administración de nuestros recursos emocionales, estábamos en general mal preparados. Nuestros conocimientos académicos, acumulados a lo largo de muchos años de formación, no servían para enfrentarse a la tarea común e inevitable de vivir la vida. Pocos, muy pocos, daban la sensación de saber adónde se dirigían y por qué —casi ninguno parecía poseer sabiduría innata o tener siquiera metas definidas—, y de esos pocos la mayoría lo hacía guiado por normas sociales y morales ajenas con lo que, probablemente, estaban evitando el difícil reto de enfrentarse a la vida y tomar sus propias decisiones con valentía, es decir, con inteligencia emocional.

Con el paso de los años detecté con irritación que a menudo tropezaba en lo que parecía ser, de forma obstinada, la misma piedra y aprendí a temer cada paso que daba en lo que veía como un largo y pedregoso camino. A pesar de las admoniciones de filósofos de todo tipo, desde Sócrates a Kant, pocos parecían indicar con claridad qué hacer antes de encontrar la paz y felicidad que de pequeños, si somos buenos, nos prometen una y otra vez. Tal vez lo más llamativo de las enseñanzas de muchas filosofías y religiones del mundo podría confundirse, para el lector distraído, con la renuncia absoluta y terminante a cualquier tipo de deseo y anhelo. Me confieso una lectora decididamente distraída. Por desgracia a todos se les olvidaba explicar cómo puede renunciar a los deseos quien está vivo y construido del material de los sueños y de las emociones. Quien se resiste a la resignación y la pasividad. Quien quiere plantar batalla a los demonios del miedo, de la frustración y del dolor.

Con el descubrimiento del inconsciente en el siglo XX la ciencia dio un paso crucial en este sentido, acompañado por reformas sociales y progresos tecnológicos. La educación y la ciencia se convirtieron en las grandes fuerzas niveladoras del siglo XX. La educación, a raíz de convertirse en universal y obligatoria, parecía posibilitar el acceso de todos a herramientas de conocimiento que pudiesen ayudar a cada cual a controlar, hasta cierto punto, sus vidas. Pero los cimientos de la educación creada para las sociedades de la revolución industrial estaban calcados de los modelos políticos y sociales imperantes: los criterios eran utilitarios —educar a la gente para que pudiese trabajar y contribuir a la economía de mercado— y el modelo era autoritario y jerárquico: un maestro todopoderoso dictaba sus verdades a los niños. El resultado positivo fue la progresiva alfabetización de las personas; el negativo, que, tras una infancia dedicada a perder la confianza natural en sus sentimientos y en su intuición, el adulto entregaba de forma automática la gestión de su vida —emociones y pensamientos— a otras fuerzas jerárquicas, ya fuesen religiosas, laborales, sociales o políticas.

Entre las puertas abiertas por la ciencia está, desde finales del siglo XX, la emergencia de la neurociencia, que con sus técnicas de neuroimagen ha permitido empezar a esbozar el funcionamiento de esa caja negra que era hasta ahora el cerebro humano. Empezamos a tener un mapa más preciso de cómo funcionan los ladrillos emocionales que conforman nuestra psique. Empezamos a desbrozar por qué se activan ciertas emociones, qué repercusiones químicas tienen y a qué circuitos cerebrales afectan. Empezamos a tomarnos en serio las emociones porque ya sabemos a ciencia cierta que no son fabulaciones de nuestra mente, imágenes y sensaciones sin sentido y sin control. Las emociones tienen una lógica, pueden catalogarse, reconocerse, comprenderse e incluso gestionarse, es decir, podemos aprender a convivir con ellas. Las emociones, como bandadas de pájaros sueltos en nuestros cerebros, anidan, crían, cruzan nuestra conciencia y pueden fácilmente, si no ponemos orden, ocupar todo nuestro espacio de forma arbitraria. Ignorar o reprimir estas emociones no es posible. Cada emoción reprimida dejará de manera sigilosa su impronta en nuestro comportamiento a través de patrones emocionales que deciden por nosotros, probablemente en contra de nuestros intereses. Conocer nuestras emociones representa, por tanto, la única manera de dominar nuestro centro neurálgico, llámese cerebro, alma, conciencia o libre albedrío.

La vida actual puede ser larga, compleja y solitaria. A las dificultades reales añadimos nuestra prodigiosa capacidad de angustiarnos con los problemas que aún *no* tenemos, debilitando nuestra salud física y mental. Necesitamos herramientas para entendernos a nosotros mismos, comprender al resto del mundo y crear nuestros propios sistemas de valores. Para reconocer a los demás, más allá de los lazos biológicos. Para tomar decisiones y asumir responsabilidades. Para que quienes lo deseen sigan hablando con Dios, aunque sea fuera de las iglesias. Para amar libremente, pero sin instrumentalizar al otro.

La alternativa es sombría: ser presa de nuestras emociones negativas, culpando siempre a los demás de nuestros tropiezos. Ser incapaces de controlar la ira. Confundir las emociones y no admitir su impacto en nuestro comportamiento, como les ocurre a muchos jóvenes hoy en día. Temer el dolor de las emociones intensas. Encerrarnos en nosotros mismos para protegernos. Sentirnos cada vez más solos y desconectados, atrapados en vidas sin sentido. Perder la esperanza y amargarnos. Y hasta perder la razón. Es cada vez más fácil pertenecer a este colectivo desdichado: según en Atlas de Salud Mental de la OMS, 2011, una de cada cuatro personas, o lo que es lo mismo el 25 por ciento de la pobación, sufre un trastorno mental a lo largo de su vida. Las enfermedades mentales representan el 12,5 por ciento de todas las patologías, un porcentaje superior al del cáncer y los trastornos cardiovasculares. Su impacto en la calidad de vida es superior al de enfermedades crónicas como la artritis, la diabetes o las enfermedades cardíacas y respiratorias. Y la principal causa de discapacidad entre los trastornos mentales comunes es los trastornos afectivos. De ellos, la depresión ocupa el cuarto lugar entre las causas de morbilidad, y se prevé que en el año 2020 pase a ser la segunda. Es mucho dolor el que tenemos previsto albergar en nuestro planeta y nuestra tolerancia es peligrosa, porque muy poco se está haciendo para evitarlo.

Sin embargo, existe una serie de pasos básicos que pueden darse para enfrentarse a estos problemas. Un primer paso consistiría en incorporar, tanto a nuestro conocimiento diario como al currículo escolar, lo que la neurociencia y la psicología evolutiva denominan inteligencia emocional —es decir, la suma de habilidades emocionales entre las que destacan el autocontrol, el entusiasmo, la perseverancia y la automotivación—, que comprende dos ámbitos básicos: el conocimiento y la gestión de nuestras propias emociones y el conocimiento y la gestión de las emociones de los demás. Para desarrollar herramientas que mejoren nuestra inteligencia emocional es indispensable tomar nuestras propias emociones en serio, pero eso es algo para lo que no nos han entrenado en ningún momento.

Hoy en día la sociedad se está volviendo muy exigente con el sistema educativo: ya no pedimos únicamente que instruyan a nuestros hijos sino que queremos que nos aseguren que, al margen de cualquier carencia emocional que exista en sus hogares, todos los niños tengan acceso a una sólida educación emocional, es decir, a conocer y gestionar sus emociones y las de los demás. Porque empezamos a darnos cuenta de que la educación también es imprescindible para elevar el nivel de felicidad de las personas y mejorar la convivencia.

Aunque sólo nos fijásemos en los ámbitos en los que el profesorado hoy en día forma a los niños en valores sociales, emocionales y éticos, ese campo ya es enorme, porque abarca los derivados de la disciplina, la forma de plantear las actividades de aprendizaje y lo consensuado sobre la conducta colectiva básica. Además existe la labor de la escuela como referente social, la imagen del profesor como modelo para el alumno y la posibilidad de que la escuela ayude a reparar ciertos problemas básicos de tipo psicológico y emocional. Todo ello requiere una formación específica del profesorado. Un gran reto de las escuelas será, en el futuro próximo, la formación del profesorado en condiciones que les permitan adecuarse a estas demandas sociales complejas.

La escuela, sin embargo, no podrá asumir toda la carga educativa en contra de los valores exhibidos por las demás estructuras sociales. Éstas deberán coordinarse para garantizar una educación global y coherente. La coherencia entre la formación de padres y de profesores será sin duda otro de los grandes retos de los años venideros. Un gran obstáculo para ello lo supone la falta de tiempo de las familias, que afecta tanto a los niños como a las comunidades sociales. Los padres trabajan más para mantener a sus familias —padre y madre pasan largas horas en las oficinas y los niños se encuentran más solos, frente a la televisión—. Las familias nucleares de padres y uno o dos hijos han reemplazado los grupos familiares más amplios donde el niño podía encontrar amparo. Las calles se han vuelto peligrosas y los niños han perdido la libertad de jugar con sus amigos sin riesgo. El mundo donde los niños solían aprender las destrezas sociales y emocionales básicas ha cambiado tanto que no hemos sabido reaccionar para poder transmitir adecuadamente las habilidades básicas para vivir. Los estudios más recientes indican que están cayendo las curvas de destrezas sociales y emocionales de los niños. La media de los niños occidentales están más nerviosos, más irritables, más deprimidos y se sienten más solos. Su comportamiento es más impulsivo y más desobediente. Hemos empeorado en las últimas décadas en más de cuarenta indicadores de bienestar infantil.

La madurez emocional del niño será clave en el manejo de estas circunstancias adversas. Sin embargo, los consejos que escuchan los padres de forma habitual no suelen referirse a las emociones. A los padres se les dan, generalmente, normas para corregir el *comportamiento* del niño, pero se ignoran los sentimientos y las emociones que causan este comportamiento. Para los padres la educación emocional significa llegar a comprender los sentimientos de los hijos y ser capaces de calmarlos y guiarlos. Cuando los padres ofrecen empatía a sus hijos y les ayudan a enfrentarse a las emociones negativas —a la ira, a la tristeza o al miedo— se crean lazos de lealtad y de afecto entre padres e hijos. La disciplina y la responsabilidad fluyen entonces con mayor naturalidad desde el sentido de conexión que se crea entre los miembros de la familia. En los hijos, la inteligencia emocional se traduce en la habilidad de gobernar los impulsos y la ansiedad, tolerar la frustración, motivarse a sí mismos, comprender las señales emocionales de los demás y mantener el equilibrio durante los momentos de cambio.

La vida humana es compleja. Como individuos nos enfrentamos a un sinfín de decisiones diarias que poco a poco van conformando nuestra existencia. Pero también dependemos, y somos a la vez referencia ineludible, de muchos otros seres humanos: padres, madres, hijos, vecinos, abuelos, parejas, compañeros de trabajo... Compaginar este conjunto de afectos y de obligaciones con nuestros intereses individuales puede resultar conflictivo y confuso, sobre todo cuando las demandas de quienes nos rodean parecen excesivas o cuando nuestras fuerzas flaquean. Sin embargo, como un pulmón que se ensancha con el ejercicio y la necesidad de respirar, la capacidad de dar a los demás se agranda ante las necesidades de quienes nos rodean. El ser humano se retrae cuando nadie o nada lo obliga a abrirse a los demás, a sobreponerse al cansancio y a las dificultades. Por ello este libro recorre las distintas etapas de maduración emocional y social del ser humano no sólo como individuo, sino también en relación con las personas que conforman su entorno humano. Dedica, en los primeros capítulos, espacio específico a la educación emocional y social de los niños y de los adolescentes porque es en esa etapa cuando podemos evitar cometer los errores básicos que nos convierten en adultos emocional y socialmente incompetentes y desdichados; y porque a pesar de la magnitud de la tarea, solemos alumbrar a nuestros hijos, desprovistos de las herramientas básicas, para comprenderles y guiarles de manera plena. A través de estas páginas los adultos podrán revivir y analizar cómo fue su propia infancia, dónde surgieron las carencias, dónde se asentaban los cimientos de sus hogares infantiles. Este conocimiento es clave para poder adentrarse, en la segunda parte, en los conflictos no resueltos de la etapa adulta y a comprender su impacto en nuestras vidas y en la de los seres que nos acompañan.

Lo natural en la vida son los conflictos y las crisis. Son inevitables. Lo importante es conocer y saber manejar las herramientas básicas para resolverlos, porque de lo contrario impedimos los procesos de transformación y evolución que deberían acompañar nuestras vidas. Somos seres vivos y, como tales, nuestro destino es la transformación. La rigidez nos impide seguir el cauce de nuestras vidas de forma espontánea y creativa. Y esta rigidez, fruto del miedo y de la ira, también impide que podamos amparar y guiar a otros cuando ellos necesitan apoyo de cara a sus propios procesos de desarrollo, transformación y crecimiento.

Debido a que las emociones son intensas, todos somos potenciales *náufragos* emocionales. El derrumbe de las estructuras morales y sociales nos otorga actualmente una enorme y positiva libertad de elección en nuestra vida social, emocional y profesional. Esta nueva libertad necesita urgentemente la adquisición de una brújula, es decir, de las habilidades y herramientas que nos permitan navegar con inteligencia emocional por los cauces imprevisibles, aunque a menudo apasionantes, de nuestras vidas.

«A pocos menesteres dedican los humanos tanto tiempo como a la infelicidad. Si un creador maligno nos hubiese colocado en la tierra con el fin exclusivo de que sufriéramos, podríamos felicitarnos por nuestra respuesta entusiasta a esta meta. Abundan las razones para sentirnos desconsolados: la fragilidad de nuestros cuerpos, la inconstancia del amor, la insinceridad de la vida social, las componendas de la amistad, los efectos deprimentes de la rutina. Enfrentados a estos males persistentes, lo lógico sería pensar que el evento más esperado y deseado de nuestra vida fuese el momento de nuestra extinción».

ALAIN DE BOTTON,
Cómo cambiar tu vida con Proust

I

La construcción del nido

Entras en una casa y sabes si estás o no estás a gusto. En mi caso, sabes que no estás a gusto: porque tienes que compartir habitación con tu hermana mayor, y ella amenaza siempre con pegarte, se chiva a tu madre y se burla de tu diario, que nunca debió haber leído. No quisieras tener que vivir en esta casa. Si intentas contar tus problemas a tu madre, te mira impaciente y ves en sus ojos que no hay nada que hacer; que sólo quiere que termines cuanto antes, aunque esté haciendo un esfuerzo enorme por que no se note; que te va a sermonear con disimulo, porque en el fondo piensa que ni tú ni tu hermana estáis siendo razonables. ¿No hacen bastante ella y papá con mantener todo el tinglado de la casa a flote, comidas y cenas, ropa limpia, colegios, clases y campamentos?

Ha llegado papá, lo he oído en el rellano de la escalera. Duda un momento antes de abrir la puerta de casa porque nos está oyendo discutir a mamá y a mí. Estamos discutiendo porque le he dicho a mamá que no entiende nada de nada; que no me quiere, que no se entera, que no tiene ni idea de quién soy. Grito, porque si hablo normal no me toma en serio. ¡Que se entere! Ella me mira como si quisiese darme un bofetón, pero no se atreve. Tiene lágrimas en los ojos y hace una mueca. Seguro que papá suspira, no tiene ganas de enfrentarse a nosotras, no sabrá qué decir. Nunca habla claro, no se atreve. Si lo intenta, acaba perdiendo los papeles y chillando como un loco. Seguro que piensa: «Tanto esfuerzo y qué pocos momentos de felicidad. El mundo no está a la altura de mis sueños». Podría decirte, papá, que te entiendo, pero no lo hago: soy una adolescente centrada en mis propios problemas. Tu vida y la de mamá me parecen un horror. Sólo quiero irme de aquí cuanto antes. Os quiero, pero no me comprendéis; os doy igual. Sólo queréis que no os dé la lata.

Cuando te acercas a mamá, ¿la ves guapa? Yo la veía tan guapa cuando era pequeña. Ahora no. Se viste tan de oficina. Siempre está estresada. Ella no cree que la quieras ya. Escuché cómo se lo decía a la tía Carolina. Y lloraba mucho por teléfono. No sabía cómo consolarla. Me quedé en el pasillo escuchando, y cuando colgó me metí en mi habitación y me puse los cascos. Ese día me dio pena porque ella lloraba tanto, era alucinante, pero luego al rato entró en mi habitación sin llamar y se enfadó por una chorrada, y pensé que hacías bien en no quererla. Así es imposible. Y a ti te han salido michelines. No tienes pelo en la coronilla. ¿Puede quererse a gente así? Cuando tenga novio, será guapo y todo nos irá bien. Si tenemos hijos, les hablaremos con cariño, sin hipocresía, les escucharemos e intentaremos ayudarles de verdad, no de mentira, como vosotros. No viviremos resignados. (Marta, 13 años)

LOS LADRILLOS EMOCIONALES DEL HOGAR

Un hogar se construye a partes iguales con ladrillos y con emociones. La calidad de los materiales constructivos de nuestro hogar, sin embargo, no es ni mucho menos tan determinante en nuestro grado de felicidad como los recursos emocionales de quienes lo habitan. Nuestra mente nos permite comprender el mundo de forma racional. Nuestras emociones, en cambio, determinan cómo *sentimos* el mundo, consciente e inconscientemente. Si nuestras emociones están reprimidas o son sobre todo negativas, así sentiremos el mundo: frustrante y negativo. Aunque nuestra cultura nos dice que la vida es lo que pensamos que somos, en realidad la vida es lo que *sentimos* que somos. En el fondo instintivo y profundo de nuestro ser no pensamos, sentimos. Estamos hechos de emociones.

Elegimos cuidadosamente las telas y los materiales de nuestras casas, pero no solemos considerar con detenimiento los criterios básicos de convivencia necesarios para disfrutar de un hogar acogedor, un continente seguro que ofrezca amparo a los miembros de la familia y que permita a cada uno desarrollarse de acuerdo a sus necesidades. Nos dan las llaves del piso y nos instalamos sin haber elegido los mimbres emocionales que conforman un verdadero hogar. Dejamos lo más importante al azar.

Sin embargo, cuando elegimos pareja y formamos nuestro hogar quisiéramos, por encima de todo, evitar aquellas trampas de la convivencia que hemos observado en las casas de algunos amigos o en el hogar de nuestros padres. Tenemos grabadas en la mente las imágenes de alguna amiga, antaño íntima, que ahora discute con su pareja por cualquier motivo. Hace tiempo que ya no hablan del viaje que querían hacer a Roma o de la búsqueda del trabajo que les haría más felices. Los años han agriado su convivencia y su hijo de 3 años campa a sus anchas por una casa que se ha tornado inhóspita para ellos. Si miramos hacia el pasado, las escenas no suelen ser mucho más alentadoras. Como la casa de Marta, el hogar de nuestros padres encerró sus propias dosis, sutiles o descaradas, de dolor, traición y resignación. Y nos prometimos, antes de formar nuestro propio hogar, evitar las trampas de la convivencia y del desencuentro. Pocos lo logran. Aun con la mejor voluntad, la rutina y el estrés diario crean un caldo de cultivo en el que surgen el resentimiento y el reproche. El tiempo va generando pequeños rencores y desencuentros que parecen acumularse de forma imperceptible. Resulta difícil aceptar que la vida no es exactamente, o ni siquiera de forma remota, lo que habíamos esperado. Es muy tentador achacar nuestras decepciones y desilusiones a los que nos rodean. Con el paso del tiempo *ellos* son los culpables de nuestro dolor o, al menos, no hicieron todo lo que pudieron por ayudarnos a vivir mejor. *No nos quisieron lo suficiente.* Éstas son las semillas del desamor.

La convivencia armoniosa ni siquiera con buena voluntad surge de forma espontánea e instintiva. Todo el mundo se esfuerza en controlar las emociones negativas en vez de generar emociones positivas. Pocos parecen conseguir de forma instintiva ese hogar seguro y estable donde los miembros de la familia se aceptan incondicionalmente, son sinceros sin herirse y no culpan de sus propios fracasos y sus penas a los demás; ese hogar donde uno puede sentirse mal sin sentirse culpable; donde hay tiempo suficiente para escucharse y recursos emocionales para comprenderse y apoyarse. ¿Cómo lograr crear un ambiente semejante?

Las relaciones humanas no son fáciles. La cifra de divorcios de segundos matrimonios —hasta un 80 por ciento de los que se vuelven a casar también se vuelven a divorciar— revela que mejorar la convivencia y lograr un hogar más feliz no depende de cuántas veces lo intentemos; sólo depende de si conseguimos descifrar nuestras emociones y las de los demás. Comprender el sentido de nuestras vidas tiene un impacto enorme sobre nuestra felicidad personal y sobre la forma de relacionarnos con los demás, porque afecta directamente nuestra forma de sentir el mundo, de emocionarnos. Y allí radica una de las claves del bienestar emocional de nuestro hogar.

LAS EMOCIONES HEREDADAS

Cada persona encierra dentro de sí un amasijo de sentimientos y emociones tras los recuerdos y las memorias, los fracasos, las pérdidas o la alegría vivida. Como el respirar o el dormir, sentimos y nos emocionamos de forma instintiva. Allí dentro, en la caja oscura del cerebro, grabadas en cada célula y cada nervio del cuerpo, mandan nuestras emociones, sobre todo las emociones del pasado, que condicionan nuestra forma de sentir el mundo en el presente.

Los psicólogos dividen el mundo emocional en dos tipos de emociones, negativas y positivas. Esta distinción resulta útil pero también entraña confusión, porque tendemos a creer que determinadas emociones negativas —por ejemplo, el miedo, la ira o la tristeza— deben ser evitadas. Éste es un error fundamental. Las emociones, tanto las positivas como las negativas, cumplen un papel adaptativo, es decir, existen porque nos ayudan a sobrevivir en un entorno complejo. Las emociones negativas, en concreto, son fundamentales para ayudarnos a sobrevivir en un entorno amenazante o potencialmente peligroso. El miedo permite huir o mantenerse inmóvil ante determinados peligros. La ira nos da fuerzas para reaccionar y defender nuestro entorno y a nuestros seres queridos. La tristeza es una brújula muy útil: fomenta la introspección y la aceptación que nos permiten detectar cuándo algo va mal para intentar remediarlo. En este sentido, las emociones negativas también cumplen una función positiva en la vida si aprendemos a descifrarlas.

Algunas personas desconfían del carácter instintivo de las emociones y las reprimen porque temen sufrir o incluso perder el control de sus vidas. Pero intentar vivir y pensar al margen de nuestras emociones es una falacia: no sólo nos limita sino que las emociones reprimidas pasan al inconsciente y son mucho más incontrolables desde esa parte de nuestra mente.

Existen personas que tienen una lesión cerebral que les impide sentir determinadas emociones negativas, como, por ejemplo, el miedo. Estas personas son un riesgo para sí mismas y para los demás porque no son capaces de reaccionar adecuadamente ante determinadas situaciones de peligro. Necesitamos estar dotados de los reflejos emocionales que nos permitan detectar, reaccionar y escapar de situaciones potencialmente peligrosas. El problema surge cuando, a través del estrés y de los patrones emocionales negativos, las emociones negativas llegan a condicionar nuestra vida en un sentido destructivo.

Y es que no sólo las situaciones objetivamente peligrosas nos estresan. El simple recuerdo negativo e inconsciente de un afecto, situación o lugar puede contaminar nuevas vivencias, aunque éstas en principio no tengan por qué presentar los mismos peligros. El miedo a volver a

sufrir genera un estrés que nos afecta, fisiológica y psíquicamente, como si nos estuviese ocurriendo lo que en realidad sólo *tememos*. De hecho, los expertos aseguran que el
estrés causado por los sentimientos de abandono, de ser
apartado, olvidado o despreciado, de la falta de amor y de
seguridad hacen estragos peores que el de muchos accidentes traumáticos.

Conocer nuestras emociones nos ayuda, pues, a controlar la ansiedad, no sólo de tipo patológico —como el
estrés postraumático— sino también las numerosas asociaciones negativas que arrastramos de forma inconsciente,
fuente de tantos problemas y desajustes psicológicos que
lastran nuestra vida diaria. Los patrones emocionales negativos echan raíces en nuestra psique debido al conjunto
de eventos y experiencias con los que aprendimos a lo largo de la vida. Pueden ser costumbres, acciones y palabras
sutiles, repetidas a lo largo de muchos años, que erosionan
lentamente nuestra autoestima y conforman creencias profundas acerca de nosotros mismos y de los demás. En este
sentido, lo que Richard Dawkins llama, cuando se refiere a
patrones genéticos heredados, *el código de los muertos* también puede aplicarse a los patrones emocionales inconscientes que heredamos de nuestros padres y del entorno.
Un equipo de científicos del Instituto de Investigación del
Cerebro de la Universidad de Zurich ofreció en 2014 la
clave: su trabajo sugiere que pequeños fragmentos de ADN
en los espermatozoides pueden transmitir a futuras generaciones la huella que nos deja el medio ambiente. Son patrones emocionales ajenos que, sin embargo, conforman
poderosamente nuestra forma de sentir y vivir la vida diaria.
Con ellos aprendimos que ciertas emociones son lícitas y

otras no. Y en función de ello respondemos a la vida con patrones emocionales aprendidos en la infancia. Por eso es fácil que cada día nuestro hogar se parezca más al hogar de nuestros padres.

Los patrones emocionales de nuestros padres no tienen por qué ser erróneos o rechazables, pero son patrones personales, difícilmente transferibles, ya que ellos desarrollaron sus respuestas emocionales ante un determinado entorno: sus propios padres, sus amigos, su colegio y la sociedad que les rodeaba, con sus valores pertinentes. Ellos además tenían su propio temperamento, su particular forma de ser. El problema es que si asumimos las respuestas emocionales de nuestros padres en bloque es que es muy probable que no sean las adecuadas para nuestra forma de ser, nuestras aspiraciones o el entorno en el que vivimos.

Si, como les ocurre a tantos niños, a lo largo de nuestra infancia hemos intentado adaptar nuestro temperamento y nuestros sueños para que sean *éstos* los que encajen con los patrones emocionales heredados de nuestros padres, habremos instalado en nuestra psique un programa que no es el adecuado para nuestras necesidades. Desaprender se convierte, pues, en parte intrínseca y necesaria del desarrollo del adulto para poder así recuperar la brújula emocional peculiar y única de cada persona. No podremos sentirnos bien en un traje emocional que no es el nuestro, reprimiendo nuestras necesidades, emociones y deseos en aras de convenciones sociales y prejuicios arraigados en el pasado. La media de vida en los países occidentales está en torno a los 78 años y es demasiado tiempo para sentirse mal con uno mismo. De entrada pone muy difícil la convivencia con los demás. ¿Cómo transmitir serenidad y felicidad si uno

intuye que está encerrado en la vida equivocada? ¿Cómo no culpar a los demás?

También resultará difícil que tras tanto sacrificio personal, justificado o injustificado, aceptemos que otros quieran tomar su propio camino. Si nosotros hemos sufrido, si nos hemos adaptado, ¿por qué no lo van a hacer ellos? Intentaremos convencer a nuestros hijos, a nuestros amigos, a nuestra pareja, al mundo entero de que *no* existe otro camino. Ignorar y reprimir las propias emociones implica, generalmente, ridiculizar y rechazar las emociones de los demás, sobre todo las de los niños.

No tomamos una sola decisión que no esté influida por las emociones que hierven en el subconsciente. Y lo peor de todo es que nadie nos ha enseñado a gestionarlas. Aprendemos un sinfín de cosas sin importancia, pero no sabemos cómo incidir sobre nuestra conducta cotidiana gestionando mejor lo único, o casi lo único, que la determina. Para reconocer y modificar nuestros patrones emocionales necesitamos herramientas de alfabetización emocional. Afortunadamente, y gracias a la extraordinaria plasticidad del cerebro, resulta posible, a cualquier edad, aprender a reconocer nuestras emociones y a convivir con ellas y con las de los demás, desarrollando así nuestra inteligencia emocional y social. Comprender o vislumbrar el *porqué* de nuestras vidas puede transformarlas.

El establecimiento de los vínculos afectivos

Una de las capacidades más importantes del ser humano es la de formar y mantener relaciones con los demás. Esta capacidad es absolutamente necesaria para sobrevivir,

aprender, trabajar, amar y procrear. La habilidad individual para formar y mantener relaciones varía: algunas personas parecen ser capaces de amar de forma natural. Otras no tienen tanta suerte: obtienen poco placer de sus relaciones con los otros y su adhesión a la familia es más distante, menos emocional. A veces estas personas desearían, por encima de todo, disfrutar de intimidad emocional con sus seres cercanos, pero no saben cómo.

Tanto la capacidad como el deseo de formar relaciones emocionales están asociados con la organización y funcionamiento de partes específicas del cerebro humano. Así como el cerebro nos permite ver, oler, degustar, pensar y movernos, también es el órgano que nos permite ser capaces, o no, de amar. Los sistemas del cerebro humano que nos permiten formar y mantener relaciones se desarrollan durante la primera infancia. Las experiencias durante estos primeros y vulnerables años son críticas: la empatía, el afecto, el deseo de compartir, el aprendizaje de la gestión de la agresividad y el desarrollo de la capacidad de amar están asociados a las capacidades de *apego* formadas durante la más tierna infancia.

Los resultados de las numerosas y recientes investigaciones que aseguran que la vida emocional de un niño —su forma de sentir el mundo y de relacionarse con los demás— se fija en sus primeros dieciocho meses de vida. Aunque estos datos podrían parecernos alarmistas, hay una razón científica que justifica esta afirmación. La capacidad biológica de vincularse a otros seres tiene una base biológica. Durante los primeros tres años de vida el cerebro desarrolla un 90 por ciento de su tamaño adulto y consolida la mayor parte de los sistemas y estructuras responsables de

todo el funcionamiento emocional, conductual, social y fisiológico para el resto de la vida. Los bebés nacen indefensos y dependen de un cuidador adulto para sobrevivir. Este potencial genético no podrá materializarse sin unos cuidados maternales básicos. Sin ellos los sistemas del cerebro responsables de las relaciones emocionales sanas no se desarrollan de manera adecuada.

En los primeros dieciocho meses es fundamental que se desarrolle una relación interactiva positiva entre el bebé y su cuidador, especialmente con el progenitor con el que materniza. Éste suele ser en general la madre aunque puede darse el caso de parejas en las que el padre ejerce la función maternizante de forma muy adecuada (en cualquier caso el niño, hacia los 3 años, sentirá la necesidad de tomar cierta distancia de la figura maternizante y mostrará más atención hacia el otro miembro de la pareja). Estos meses transcurren rápidamente, y a los padres podría parecerles que, superada una etapa en la que el bebé tiene tantas necesidades físicas, habrá tiempo de rectificar si hemos descuidado su vida emocional. Sin embargo, muchos especialistas apuntan que incluso el estado emocional de la madre durante el embarazo afecta el bienestar del niño. A partir del momento en el que tiene cubiertas sus necesidades físicas básicas, le importará mucho más de qué están hechos los ladrillos emocionales de su hogar y cómo son las relaciones afectivas entre los miembros de la familia que el espacio físico y el lujo material.

Lo que los psicólogos llaman el vínculo de apego[*] es una relación emocional perdurable con una persona o

_____

* Para más información, véase *El mundo en tus manos*, Elsa Punset, Barcelona 2014, cap. 1.

cuidador primario específico. Esta relación produce seguridad, sosiego, consuelo, agrado y placer en el niño; su pérdida o amenaza de pérdida evoca angustia en él. La vivencia de una relación afectiva sólida en la infancia está asociada a una alta probabilidad de crear relaciones saludables en la edad adulta; un apego pobre con la madre o el padre, en cambio, se relaciona con numerosos problemas emocionales y conductuales a medio y largo plazo. Cuando existe abandono o negligencia emocional severa en esta etapa las consecuencias pueden ser devastadoras. Los niños que no han sido emocionalmente estimulados y nutridos pueden perder su capacidad de formar relaciones significativas para toda la vida. Aunque la mayor parte de los niños que viven en nuestras sociedades occidentales no sufren una negligencia tan acusada, muchos han experimentado algún grado de limitación en sus experiencias de vinculación y apego durante la temprana infancia y sufrirán, por tanto, algún tipo de perjuicio.

¿Qué experiencias forman vínculos de apego estables? Acunar al bebé, mecerlo, cantarle, alimentarlo, mirarlo de manera detenida, besarlo y otras conductas emocionalmente «nutrientes» asociadas al cuidado de bebés y niños pequeños conforman las experiencias de vinculación. Los «ladrillos emocionales» del bebé son la presencia física, las palabras de cariño y los cuidados amorosos. Estas actividades fomentan la correcta organización de los sistemas cerebrales responsables del apego. El apego del niño a su cuidador determina el «molde» biológico y emocional para todas sus relaciones futuras. Un apego saludable a la madre y al padre, construido en función de experiencias emocionales repetitivas durante la infancia, provee una base sólida para futuras relaciones positivas. Los padres de los niños que han desarrollado vínculos de afecto seguro comparten tiempo con sus hijos y reaccionan rápidamente ante las necesidades emocionales y físicas de sus hijos.

Varios indicadores definen al niño que tiene vínculos de afecto seguro: no muestra excesiva angustia cuando se separa de sus padres, aunque prefiere su compañía a la de los extraños; busca naturalmente el amparo de sus padres cuando está asustado y responde con un comportamiento positivo a sus muestras de afecto. Los estudios revelan que estos niños muestran mayor empatía hacia los demás a lo largo de la infancia, y suelen ser más maduros y menos agresivos o conflictivos que los pequeños con vínculos de apego ambivalente o inseguro. Los niños con relaciones de apego seguro mantienen una relación estable y firme con sus padres y confían en ellos aunque estén atravesando momentos de tensión o de estrés significativo. Cuando estos niños se convierten en adultos tienden a establecer relaciones afectivas a largo plazo, basadas sobre la confianza, una buena autoestima, la capacidad de disfrutar de la intimidad con otra persona, de tejer sólidas relaciones sociales y de compartir sus sentimientos con los demás.

Es importante darse cuenta de que *la mayoría de los problemas de apego se deben más a la ignorancia de los padres sobre el desarrollo de sus hijos que al abuso consciente*, ya que muchos padres desconocen la naturaleza decisiva de las experiencias infantiles en los tres primeros años de vida.

Los padres que critican, rechazan y se entrometen excesivamente tienden a educar hijos que desarrollan vínculos de afecto inseguros o ambivalentes y que, por tanto, evitan la intimidad emocional. Los niños que desarrollan vínculos de apego inseguro perciben que las emociones de sus cuidadores no son estables y se sienten amenazados en momentos de estrés. Alrededor de un 25 por ciento de la población crece en hogares donde las relaciones emocionales son deficientes aunque se satisfagan las necesidades físicas. Estos niños evitarán en el futuro la intimidad con los demás porque la intimidad emocional les produce una gran inseguridad o incluso ansiedad.

Los padres de estos niños suelen asegurar que no recuerdan gran cosa acerca de las relaciones que tuvieron con sus propios padres e insisten en que, en todo caso, estas relaciones no tuvieron importancia o que no fueron negativas. Éste es un indicador revelador de aquellas personas que han crecido en relaciones inseguras y se han convertido en padres condenatorios o despreciativos. Es probable que sus hijos aprenden esta forma de relacionarse con los demás. Llegados a la edad adulta, tendrán dificultades con la intimidad emocional y las relaciones íntimas. Normalmente alegarán diversas excusas, como por ejemplo exceso de trabajo, para evitar la intimidad emocional con quienes les rodean. Tenderán a implicarse emocionalmente muy poco en sus relaciones íntimas y, en general, sentirán poca ansiedad cuando éstas se rompan. Los estudios indican que los adultos con un estilo de apego evasivo también tienden a mantener relaciones sexuales ocasionales o promiscuas. Cuando tienen una pareja estable tienen dificultades para compartir sentimientos, pensamientos y emociones con ella.

Desde el punto de vista neurológico estas personas tienen una pobre integración entre los hemisferios izquierdo y derecho del cerebro. No utilizan la parte derecha de su cerebro para captar la comunicación no verbal: las miradas, el tono de voz, el lenguaje corporal, las lágrimas... En este sentido, aunque no presentan daños neurológicos, su forma de relacionarse con los demás recuerda a la de las personas autistas.

DEL AUTORITARISMO A LA PERMISIVIDAD

Hoy en día la forma habitual de relacionarse entre padres e hijos ya no es la estrictamente autoritaria, en el sentido tradicional según el cual los padres imponían su punto de vista y el niño tenía que acatarlo sin discusión. Los padres eran dueños de hacer lo que considerasen oportuno con sus hijos, de la misma forma en que una mujer «pertenecía» a su marido. Las sociedades actuales han empezado a regular los derechos del niño bajo la convicción de que tener hijos no implica la posesión de sus vidas y de sus mentes. Los padres y el Estado son conscientes de que tienen que tomar ciertas decisiones en nombre del niño no para adoctrinarlo, sino para dotarlo de herramientas que le permitan desarrollar plenamente sus facultades durante el crecimiento.

Aunque tradicionalmente no se tenían en cuenta como necesarias la paciencia, contención y amor que necesitan los niños, las investigaciones del psiquiatra Lloyd de Mause desvelan que cada generación adelanta poco a poco en este sentido: «La educación del niño se ha ido convirtiendo en un proceso que exige no tanto la conquista de su voluntad como su entrenamiento». Los padres han adquirido de forma progresiva conciencia de la importancia de respetar no sólo las necesidades físicas del niño, sino también sus necesidades psicológicas y emocionales. Resulta ilustradora en este sentido la vida del psicoanalista inglés John Bowlby, cuya aportación a la comprensión del desarrollo de la afectividad infantil ha marcado generaciones posteriores de educadores y pensadores. Bowlby nació en Inglaterra en una familia de clase acomodada y, de acuerdo a las costumbres de su época y de su clase social, fue criado por una niñera. Generalmente el pequeño Bowlby solía ver a su madre una hora al día, después de la hora del té. Como muchas otras personas de su época, ella consideraba que la atención parental y el afecto eran peligrosos para el correcto desarrollo del niño. Cuando Bowlby cumplió 4 años su amada niñera dejó su empleo. Tiempo después Bowlby describió esa separación como algo tan trágico como la pérdida de una madre. A los 7 años ingresó en un internado, cuyos recuerdos dolorosos relató en sus posteriores escritos, como, por ejemplo, *Separación: ansiedad y angustia*. Estas experiencias traumáticas de niñez lo ayudaron a desarrollar una inusual empatía ante el sufrimiento emocional infantil.

El sentido patriarcal y autoritario de la educación también se tambalea a medida que la familia tradicional se disuelve y requiere, por tanto, una regulación externa. Éste es un movimiento imparable a todas luces. ¿A qué responde? Probablemente tiene un impacto determinante en esta nueva conformación social y familiar el creciente deseo de felicidad personal perdurable que abarque nuestra vida entera. La vida se alarga y se crean así nuevas necesidades para los adultos, una vez finalizada la fase de crianza básica del niño. Ya no se trata de vivir simplemente para superar los problemas propios de la supervivencia, sino de *disfrutar* de la vida. A veces este deseo existe en función de criterios individualistas, posiblemente egoístas, y choca con las necesidades de los demás. En este contexto social y familiar inestable resulta urgente dotar a las personas de herramientas emocionales sólidas, como por ejemplo el desarrollo de la empatía y de la responsabilidad, para ayudarles a tomar las decisiones más ecuánimes en cada momento.

Esta época de transición descoloca a muchas personas, porque desde el rechazo al autoritarismo muchos padres se han convertido en educadores permisivos. Esta posición permisiva suele responder al miedo de dañar al niño, fruto de la gran cantidad de información, a veces indiscriminada, que brota de todas partes: medios de comunicación, vecinos, amigos, familiares... Los estudios demuestran, sin embargo, que muchas creencias populares respecto a la educación de los hijos y de las relaciones humanas están sesgadas, cuando no equivocadas. La educación permisiva otorga una plataforma sin límites al niño, pero descoloca a los padres, que, temerosos y débiles, pierden su columna vertebral, aquella que sostiene su sentido de autoridad y que no debiera confundirse con el autoritarismo. En lugar de ayudar y de guiar al niño, los padres permisivos lo cargan con decisiones impropias de su edad. Entregan el poder de decisión a un niño inmaduro, que sufre las consecuencias del desconcierto de sus padres.

¿Cuándo es aceptable la permisividad? El psicólogo Haim Ginott, autor de libros tan influyentes como *Entre padres e hijos*, sugería que la permisividad es aceptable cuando implica respetar la naturaleza infantil de los niños: los niños prefieren correr a andar, se ensucian con facilidad y ponen caras divertidas frente al espejo. Si permitimos que los niños se comporten de la forma espontánea que les es inherente, les animamos a que expresen con mayor soltura y confianza sus emociones y sus pensamientos. La permisividad mal entendida significa, en cambio, que aceptamos actos indeseables, como por ejemplo comportamientos agresivos o destructivos. Este tipo de permisividad genera ansiedad y demandas cada vez menos razonables, que los padres, y más adelante la sociedad, no podrán conceder.

La psicóloga Diana Baumrind detectó, en estudios llevados a cabo ya en la década de 1970, que los hijos de padres autoritarios tendían a ser conflictivos e irritables, mientras que los hijos de padres permisivos solían mostrar comportamientos impulsivos, con pocos recursos personales y baja capacidad para lograr sus metas. Las investigaciones posteriores han reafirmado estos patrones heredados. Si decimos a nuestros hijos qué deben sentir, les enseñamos a desconfiar de sus propios sentimientos. *No todos los comportamientos son aceptables, pero sí lo son todas las emociones y los deseos.* Los padres deberían, por tanto, imponer ciertos límites sobre los comportamientos, pero no sobre las emociones y los deseos.

Existe una educación consciente, a medio camino entre el autoritarismo y la permisividad. La educación es cuestión de equilibrio, un equilibrio que se ha de buscar de forma constante porque todos los días no son iguales y las circunstancias cambian y oscilan, a veces sutilmente. En este equilibrio el niño tiene su propia vida emocional, sus preferencias, su lugar; y el adulto también. Es un camino de doble sentido entre todos los miembros de la familia: «Yo te respeto y tú me respetas». Lo que debe guiarnos no son reglas rígidas sino unos pocos criterios básicos que conocemos desde que somos capaces de estudiar las emociones: entre ellos destacan el amor incondicional, el desarrollo de la autoestima, enseñar al niño a responsabilizarse de sus actos y el respeto hacia las necesidades de los demás (basado en el desarrollo de la empatía).

Los hijos de padres que aplican estos criterios de inteligencia emocional muestran más disposición a ser cooperativos, enérgicos, sociables y capaces de alcanzar metas. El aprendizaje de criterios educativos equilibrados y emocionalmente inteligentes por parte de los padres tiene una repercusión enorme sobre los hijos. Sabemos, por ejemplo, que los hijos de padres emocionalmente inteligentes suelen elegir amigos cuyos padres también son emocionalmente inteligentes. De esta forma nuestro estilo educativo tiene repercusiones incluso sobre los amigos que elijen nuestros hijos.

Explica John Gottman, catedrático de Psicología de la Universidad de Washington, que el primer paso que han de dar los padres para educar a sus hijos con inteligencia emocional es comprender su forma particular de enfrentarse a las emociones y el impacto que esto tiene sobre sus hijos. Básicamente los padres tienden a uno de cuatro estilos educativos: despreciativo, condenatorio, no intervencionista o emocionalmente competente. Con los padres condenatorios o despreciativos los niños aprenden que sus sentimientos son inapropiados o no son válidos. Pueden llegar a creer que hay algo innato que está mal en ellos por cómo se sienten. Los padres no intervencionistas, en cambio, están llenos de empatía por sus hijos y les aseguran continuamente, de acto y de palabra, que pase lo que pase, ellos lo aceptan. Pero no parecen capaces o dispuestos a enfrentarse a las emociones negativas. Esto puede infundir miedo a un niño pequeño porque no tiene la experiencia o el conocimiento para escapar del «agujero» de las emociones. Estos niños no aprenden, por tanto, a regular sus emociones; les cuesta concentrarse y mantener o formar amistades con los demás niños.

Los padres emocionalmente competentes, asegura Gottman, también aceptan de manera incondicional los sentimientos y las emociones de sus hijos. Sin embargo, a diferencia de los padres no intervencionistas, saben que las emociones pueden cumplir un papel útil en sus vidas. Valoran las emociones negativas de sus hijos como oportunidades para la intimidad emocional: escuchan, empatizan, ayudan al niño a definir sus emociones, ponen límites y enseñan tácticas de resolución de conflictos. Son sensibles a los estados emocionales del niño, aun cuando éstos sean sutiles. No se burlan de las emociones del niño ni le dicen cómo debería sentirse. Los hijos aprenden a confiar en sus sentimientos, a regular sus emociones y a resolver problemas.

La labor de los padres es alentar al niño a que desarrolle sus habilidades. Existen diversos obstáculos en esta tarea, pensamientos que albergamos porque nos dijeron alguna vez que eran ciertos y no los cuestionamos; o porque deseamos lo mejor para nuestros hijos y en función de nuestros temores intentamos convertirles en personas que no son. Las *expectativas* a veces nos impiden percibir quién es, realmente, la persona que tenemos a nuestro lado, tanto si es un niño como si es un adulto. Si somos abiertos de mente, aceptaremos que los demás son seres independientes, que no nos pertenecen y que tienen su propio camino. Otro peligro en este sentido radica en la *humillación*. Humillamos a los demás cuando nos burlamos de ellos o cuando les decimos frecuentemente frases o coletillas en apariencia inofensivas: «Eres un bobo», «Menudo despistado...». Las *etiquetas* son otro de los obstáculos que deben evitarse: «Eres torpe». Incluso etiquetas supuestamente positivas, como «¡Clarita es tan buena!», favorecen que el niño fije de forma rígida su incipiente idea de quién es. Es fácil, por cierto, reforzar los defectos del niño a través de las etiquetas. Lo evitaremos si mantenemos una mirada generosa sobre el otro y si eliminamos las palabras «jamás», o «nunca», porque éstas cierran todas las puertas a un posible cambio. *Comparar* a nuestros seres queridos con algo o con alguien también es negativo, porque implica que su valor varía según las circunstancias. En cuanto a la *crítica constante*, debilita el esfuerzo de las personas. A veces, un esfuerzo grande puede arrojar un resultado pequeño, pero la persona que lo ha llevado a cabo merece respeto y apoyo. Todas estas trampas sutiles de la convivencia y la educación tienen consecuencias dañinas y duraderas para el desarrollo emocional de aquellos que nos rodean, tanto niños como adultos, y conviene que seamos conscientes de ellas para desterrarlas de nuestra forma de relacionarnos con los demás.

La «prueba del vecino»

El especialista en educación emocional Maurice J. Elías pide a los padres que acuden a sus talleres que hagan esta prueba. Imaginen que todos en casa se están peleando: rencillas, gritos, exabruptos, reproches, prisas y tensión invaden la casa. Alguien llama a la puerta. Es el vecino. Cuando entra en casa, todos se calman de repente. Nada es demasiado bueno para el vecino: los miembros de la familia son de repente increíblemente civilizados y atentos. Todos están encantados y se lo pasan bien.

Cuando el vecino se marcha pueden ocurrir dos cosas: que todos empiecen de nuevo a pelearse o que cada cual retome sus actividades sin más. Y Elías pregunta a los padres: «¿Por qué necesitamos que un vecino nos obligue a ejercer el autocontrol que todos llevamos dentro? Los adultos necesitan aprender a comportarse con inteligencia emocional sin que nada les fuerce a ello. Así que recomiendo a los padres que hagan la prueba del vecino. Es muy sencilla: ¿es usted capaz de comportarse con sus hijos y su pareja durante un día entero como si un vecino lo estuviese escuchando todo el tiempo? ¿No decir nada a su hijo o pareja que el vecino no pudiese escuchar? Muchos padres me confiesan que les resulta muy difícil. Y yo les digo que, cuando consigan hacerlo durante todo un día, tienen que intentar hacerlo durante un día todas las semanas. Las personas necesitan este día semanal para encontrar de nuevo su equilibrio emocional, para que les hablemos de forma más respetuosa y cariñosa, sin esos pequeños insultos y palabras de desaliento que utilizamos a diario. Nuestros hijos tendrán entonces la prueba de que sí, «mis padres me quieren. Piensan que, en el fondo, soy perfecto como soy. No sólo ocurre cuando viene el vecino. Me lo dicen todas las semanas». Las familias lo necesitan para tener un clima emocional más inteligente y equilibrado».

El niño pequeño tiene la necesidad de pertenecer a su familia y de formar parte de su entorno. Quiere cooperar y participar, sentirse parte de su núcleo familiar y social. Esta tendencia innata lo hace imitar y creer ciegamente en el adulto. El mecanismo emocional en cualquier hogar es muy sencillo: nada más nacer el hijo tiene la necesidad absoluta de recabar amor de sus padres. Es probable que sus padres lo quieran, pero tal vez tengan unos patrones emocionales determinados que consciente o inconscientemente impondrán a su hijo. «Para que te quiera de verdad —le dirán una y otra vez aunque sea de forma silenciosa— debes comportarte de *esta* manera». El hijo hará lo imposible por cumplir las demandas de sus padres. Si los padres, en cambio, en aras de la libertad del hijo, se tornan tan permisivos que no son capaces de ejercer sus funciones de forma adecuada, el hijo tampoco saldrá ganando. No aprenderá a reconocer ni a gestionar sus impulsos y sus emociones; tendrá tantas opciones, en un ambiente tan permisivo, que no llegará a entender qué le gusta de verdad, cuáles son sus deseos y en qué situaciones debe aprender a poner límites. No aprenderá a responsabilizarse de sí mismo y culpará a los demás de sus fallos. Un niño así, sin un sentido claro de quién es, porque no le han permitido desarrollarlo, será tan infeliz y tan emocionalmente inepto como el niño al que los padres han dirigido hasta despojarlo de su verdadera personalidad.

En el conocimiento de nuestros miedos y patrones emocionales inconscientes está la clave de nuestra libertad y de la de nuestros hijos.

La autenticidad en las relaciones humanas

La madre de un amigo de Arun Gandhi, nieto del líder indio y probablemente el mejor pedagogo del mundo hindú, Mahatma Gandhi, estaba desesperada porque su hijo se estaba muriendo debido a un fallo metabólico que le impedía asimilar el azúcar. A pesar de su vigilancia, el niño, a escondidas, seguía comiendo azúcar y su vida peligraba. La madre fue a ver a Gandhi como último recurso, convencida de que unas palabras del Maestro podrían salvar al niño, que lo admiraba y temía. Le suplicó que ordenase a su hijo dejar de comer azúcar. A pesar de la insistencia de la madre, el Maestro se limitó a mirar fijamente al niño unos segundos y le pidió de manera pausada que regresara a los quince días. La madre protestó de forma vehemente: «¡Haga algo, Maestro, dígale que no coma azúcar o morirá! Sólo le hará caso a usted». «Ahora no puedo ayudaros», aseguró Gandhi mientras despedía a madre e hijo con firmeza.

Transcurridos quince días madre e hijo regresaron a ver a Gandhi. El Maestro miró entonces al niño a los ojos y le dijo sosegadamente: «Prométeme que no comerás azúcar». El niño contestó: «Maestro, lo prometo». La madre se despidió agradecida, pero antes de marcharse no resistió la tentación de preguntarle: «Maestro, ¿por qué me pidió que esperase quince días para hablar con el niño?

Podría haber muerto entretanto». El Maestro contestó: «Porque nosotros los adultos tenemos que encarnar el cambio que queremos transmitir. Por tanto, primero tenía que ser yo mismo el que dejase de comer azúcar».

La autenticidad es clave en las relaciones humanas y aún más en las relaciones entre adultos y niños, por dos razones: *primero, porque éste percibe a los demás de forma directa e intuitiva, ya que no ha aprendido aún a comunicarse desde la desconfianza y el disimulo.* Si decimos una cosa y actuamos o sentimos de forma opuesta, el niño descubrirá la esencia de la hipocresía y aprenderá a desconfiar del mundo que lo rodea. El respeto a las emociones de adultos y niños debe estar implícito en nuestras relaciones. *Segundo, porque el niño aprende por imitación.* El proceso de aprendizaje de los más jóvenes se hace de forma continuada a través de la imitación consciente e inconsciente de las palabras y los actos de los adultos que los rodean. El médico y premio Nobel de la Paz Albert Schweitzer sugería que los adultos debían enseñar a sus hijos de tres maneras: con el ejemplo, con el ejemplo y con el ejemplo.

Para ser un modelo eficaz las palabras y los actos del adulto deben ser coherentes. A menudo intentamos ser amables, pero nuestras palabras o actos posteriores delatan nuestros verdaderos sentimientos. Por ejemplo, podemos hacer un cumplido a alguien por la ropa que lleva puesta, pero burlarnos de su forma de vestir en cuanto esa persona se ausenta. En estos casos los niños perciben un mensaje muy potente: aprenden que decir una cosa y hacer otra es un comportamiento admisible. Es decir, aprenden que ser hipócritas es aceptable.

A pesar de la falta de tiempo que suelen padecer los padres, pueden involucrar a sus hijos en sencillas actividades que ayuden a los demás. Los psicólogos explican que los hijos tenderán a participar con más entusiasmo cuando comprendan la motivación para pedirles determinados esfuerzos: las actividades solidarias pueden hacerse más explícitas para el niño diciéndole por qué queremos que se preocupe por los demás. Ayudar a los demás no sólo debe ejercerse fuera de casa. En el propio hogar el niño debe aprender a respetar y mimar el espacio y las necesidades de sus familiares.

Otro buen ejemplo es expresar nuestra aprobación por un acto cariñoso y detallista del niño. Así ayudamos al niño a sentirse bien cuando se comporta con deferencia hacia los demás y a comprender que sus actos —en este caso, sus actos positivos— tienen un impacto indudable en la vida de los demás. Crear lazos entre las familias y la comunidad a través de actos desinteresados de cariño hacia los demás es muy importante para nuestros hijos. Los niños necesitan saber que los adultos se preocupan por ellos y *también* por los demás. Los niños que sienten este respeto y esta aceptación por parte de los adultos tenderán naturalmente a mostrar interés por el bienestar ajeno y también a ser conscientes de que su comportamiento afecta a los demás de forma directa. Aprenderán a responsabilizarse de su entorno y de las personas que conviven con ellos y a sentirse capaces de cambiar o mejorar las condiciones y los sentimientos de su mundo. Este comportamiento responsable y positivo hacia los demás se convertirá en una forma estable de tejer su relación con el mundo a lo largo de toda su vida. Ayudar a los niños y jóvenes a integrar en sus vidas muestras de comportamiento empático y positivo es una de las responsabilidades más importantes de los adultos que les rodean.

Nuestros hijos constituyen una motivación importante para transformarnos, una oportunidad para revivir, a través de los años que compartimos con ellos, experiencias que teníamos recluidas en nuestro inconsciente. Estas experiencias y aprendizajes inconscientes habrán creado una red de protección y de respuestas automáticas en el adulto que las vivencias que comparte con sus hijos le permiten cuestionar o desaprender, según sea necesario. Si no nos enfrentamos a nuestros fantasmas emocionales, no sabremos ayudar a nuestros hijos a resolver sus propios conflictos emocionales. Les dejaremos la herencia inconsciente de nuestros propios miedos y limitaciones.

La educación y la convivencia son un camino de respeto mutuo de las necesidades entre adultos, y entre padres e hijos. Los hijos llegan a demandar una atención agotadora a los padres: a veces parece que nada es suficiente, y muchos padres se preguntan dónde deben poner los límites para asegurar su propio bienestar. Educar requiere una entrega física y emocional agotadora y los padres también necesitan prestar atención a su salud física y emocional. Cada etapa del hijo tiene sus propios requerimientos y en cada momento los padres deben huir de reglas fijas y aprender a renegociar frecuentemente su inversión parental, es decir, el equilibrio entre dar y recibir. Como referencia y guía de este equilibrio respetuoso entre los distintos miembros de la familia o núcleo humano están las necesidades básicas emocionales, que se analizan en el siguiente capítulo.

Como recuerda la escritora holandesa Lise Heyboer, la felicidad del grupo humano es una sutil cuestión de equilibrio entre las necesidades físicas y emocionales: «Cuide de su vida y de la de sus seres queridos, de sus animales y también de su propio ser. Todos atendidos, saludables, con la suficiente comida y bebida, los establos limpios y la paja fresca... todo confortable. Hable con los que piden unas palabras de ánimo y escuche a los que lo necesitan. Pero hay algo muy importante: la salud y la seguridad son muy valiosas, pero lo primero es la felicidad, así que asegúrese de que todos, incluido uno mismo, tienen su espacio para la felicidad. No restrinja ni reprima, deje puertas abiertas para los que las necesitan. No sea esclavo de sus deberes».

II

La llegada de los hijos

«Debes ser quien eres —dijo la duquesa a Alicia—
o, si quieres que lo exprese de forma más sencilla,
nunca trates de ser lo que tal vez hubieras debido ser,
o lo que pudieras haber sido, sino aquello
que deberías haber sido».

LEWIS CARROL, *Alicia en el país de las maravillas*

No sentía la llamada de la maternidad. Más bien temía que interfiriese en mi vida profesional y personal. Cada año un nuevo jefe o un nuevo proyecto demoraban mi intención de tener un hijo. Pasada la treintena decidí que había llegado el momento. No me preguntaba por qué quería un niño: me parecía lo natural tras varios años de matrimonio estable. Pero sí me preguntaba, incansablemente, si ese niño encajaría en mi vida. ¿Y si no me llevaba bien con la criatura? ¿Y si le resultaba antipática? ¿Era automático el amor por los hijos? ¿A cuánta libertad era necesario renunciar por ellos? ¿Y por qué, exactamente, *había* que tener un hijo?

La sutil presión social, los amigos y los libros me daban respuestas manidas a estas preguntas, en general basadas en consideraciones fisiológicas: cómo nacía el hijo, los primeros cuidados, el cansancio de los padres..., pero no hacían ninguna referencia a los cambios profundos, subterráneos, que yo intuía que implicaba tener un hijo. Sólo sabía que en general, cuando miraba alrededor, no envidiaba la vida diaria de aquellos amigos que tenían hijos y me preocupaba cómo la llegada de éstos parecía afectar la relación de pareja de los padres. Muchos padres parecían resignados, cuando no descorazonados. Y si miraba hacia las familias consolidadas, con hijos adolescentes o jóvenes adultos, veía que las esperanzas depositadas en los hijos en los primeros años pueden tornarse en decepción y amargura con relativa facilidad. ¿Era posible evitar eso? ¿Qué era la familia perfecta? Si existía, ¿dónde estaba? No veía por ninguna parte la estampa ideal en la que se suponía que debía proyectarme. Sólo veía muchos adultos cansados y desorientados, y niños que rápidamente parecían perder su halo de inocencia para convertirse en adultos muy parecidos a sus padres. Si tener hijos era tan natural, ¿por qué estaba el mundo poblado de adultos infelices?

La llegada al mundo de mi hija supuso un revulsivo tan inesperado que pasé varios años sintiendo profunda simpatía por cada mujer embarazada que me cruzaba por la calle. Me parecía entonces que ellas no podían tener ni idea de la magnitud de la aventura emocional y física en la que estaban a punto de embarcarse. Nadie se lo había explicado *realmente*. Todo el mundo parecía empeñado en un ejercicio de estoicidad —sólo hablaban del amor hacia los hijos y de cómo les llenaban la vida—. Más tarde descubrí que el amor —tanto el enamoramiento como el amor hacia los hijos— provoca un curioso efecto en el cerebro: desconectamos, literalmente, nuestra capacidad de crítica social. Lo descubrieron, gracias a las técnicas de neuroimagen, Andreas Bartels y Semir Zeki, del University College de Londres. Partes de la corteza prefrontal y ciertas áreas relacionadas con emociones como la agresividad, el miedo y la capacidad de planificar parecen desconectarse cuando nos enamoramos o cuando sentimos amor por nuestros hijos (ambas experiencias tienen un impacto cerebral similar, tal vez porque tienen una importancia determinante para la evolución de la especie). Las partes del cerebro que se desactivan forman un conjunto que afecta nuestro juicio acerca de la confianza que nos inspiran los demás y nuestra capacidad de evaluar socialmente. Bartels y Zeki afirman: «... el apego humano utiliza un mecanismo que supera la distancia social desactivando los circuitos que se utilizan para la evaluación social crítica y las emociones negativas, y une a los individuos a través del circuito de recompensa, lo que explica el poder del amor para motivar y entusiasmar».

En consecuencia tendemos a ver, en el hijo y en el amado, sólo lo bueno. Este efecto del amor es una bendición si el que lo recibe se alimenta de nuestra aprobación para desarrollarse y fortalecerse; a la vez que otorga fuerzas al que ama para perseverar en su empeño a pesar del cansancio y de las dificultades. Pero entonces yo no pensaba en ello: sólo miraba a las futuras madres y las imaginaba con el cuerpo estropeado, un compañero igualmente exhausto y desconcertado a su lado y el peso de la responsabilidad abrumadora que estaba a punto de robarles no sólo las noches de sueño, sino además la libertad y la despreocupación de la juventud. A cambio obtendrían algunas emociones intensas y agotadoras: un amor desconocido y apremiante por el bebé que lo convertiría en el centro de sus vidas aun cuando estas vidas tuviesen otras muchas cosas a las que dedicarse; y claro, habría algunos momentos de felicidad intensa, en general cuando el angelito estuviese plácidamente dormido, pero a cambio tendrían que aprender a convivir con el temor obsesivo e incesante a que algo malo le pudiera ocurrir a ese pequeño que apareció por casa un día, casi por casualidad, pero con derecho a quedarse hasta que ya no pudiéramos darle más, cuando fuésemos viejos y estuviésemos agotados sin remedio. Y ese día, según el momento, podía parecer tremendamente lejano y cercano a la vez.

En mi caso tanto la visión idealizada como la desesperanzada desaparecieron de forma paulatina a medida que fui descubriendo los verdaderos tesoros de la maternidad. Debo reconocer humilde y gozosamente que el nacimiento de mi hija supuso, o más bien precipitó de forma estrepitosa, la transformación vital que deseaba y necesitaba, pero que no sabía abordar. En este sentido, el mío fue un caso claro, aunque nada elegante, de nadar con la ropa puesta o ahogarme. Aprendí que la relación plena con el hijo es un camino de doble sentido, que se basa ante todo en el respeto y la aceptación incondicional del hijo. El hijo llega como es y tienes que ayudarlo a sacar lo mejor de sí mismo, no aquello que querías que fuese. A través de los hijos reconoces, y hasta cierto punto puedes curar, muchas de las heridas emocionales que albergas, inconscientes y silenciosas, no por ello menos, sino más dolorosas. Los hijos evocan nuestra infancia, nos recuerdan cómo hubiésemos querido crecer. Nos enfrentan con todo aquello que tuvimos, y también con aquello que no tuvimos y cuya falta aún arrastramos cuando ellos llegan. Todas esas emociones proporcionan argumentos poderosos para explicar la riqueza que puede generar el nacimiento de un hijo en la vida de sus extenuados padres, si tenemos la generosidad de escuchar y aprender con ellos desde su primer día de vida.

Los cuatro temperamentos

Podemos captar la esencia de nuestro hijo en sus primeros meses de vida si evitamos proyectar sobre él nuestros deseos, dejando el espacio necesario para que el temperamento del niño, que está presente en estado larvario desde su nacimiento, pueda respirar y desarrollarse. Si esperamos del niño una determinada serie de cosas, como por ejemplo que sea guapo, que sonría y hable lo antes posible, que se parezca a su padre, que coma como una lima, que nunca esté enfermo...; empezamos ya, desde su primer día de vida, a esperar de él que sea como nosotros queremos, aunque parezca natural volcar en el hijo nuestras expectativas, en realidad ello implica un rechazo del niño tal y como realmente es.

En cambio, si creamos un espacio acrítico en torno al niño y escuchamos sin juicio su forma sutil de expresarse, sus miradas, sus preferencias, su forma de dormir y de comer, si necesita constantemente estar con nosotros o si duerme de manera plácida solo, si desarrolla pronto la capacidad de calmarse a sí mismo o se sobresalta con cualquier ruido..., empezaremos a captar la incipiente personalidad de nuestro bebé. Y resultará mucho más fácil adaptar nuestra forma de vida para que él se sienta integrado y seguro y para evitar determinados escenarios que le inquietarían particularmente. Por ejemplo, si antes del nacimiento de nuestro hijo llevábamos una ajetreada vida social, tal vez hayamos decidido de antemano que lo llevaremos de forma frecuente en su cuco a casa de amigos y familiares. Esta decisión sería prematura, porque hay bebés que necesitan una protección frente a los cambios ambientales y los ruidos más fuerte que otros. La necesidad de renunciar, o de aplazar, determinadas formas de vida es, para muchos padres, una de las sorpresas menos gratas a las que nos enfrentamos con la llegada de los hijos. Recuerdo mi sensación de soledad y desazón mientras paseaba por las ajetreadas y divertidas calles del barrio de Chueca, en Madrid, rodeada de vecinos que tomaban el aperitivo a pie de calle. Todos parecían felices y sofisticados. Sólo yo, cansada y deslucida, tenía que arrastrar cabizbaja y para la eternidad un carrito manchado con distintos esputos infantiles entre las alegres carcajadas de mis convecinos. La falta de espacios comunitarios para dar amparo a las madres es, por cierto, en nuestras sociedades latinas, una clamorosa falta de empatía social que podría remediarse fácilmente. Los anglosajones ofrecen, por ejemplo, en los centros sociales de barrio y en las iglesias, los llamados *parent and toddler groups*, simples pero reconfortantes reuniones semanales donde las madres o padres acuden con sus bebés e hijos pequeños para tomar un café y sentirse, durante unas horas, rodeados de personas con sus mismas preocupaciones y horizontes.

Aunque tal vez podamos acostumbrar al niño paulatinamente a determinados estímulos, convendrá conocer a nuestro hijo antes de intentar imponer determinadas formas de vida en unos años en los que los niños son muy vulnerables y no pueden defenderse ni expresarse. Necesitan que les escuchemos y armonicemos nuestras necesidades con las suyas. En los primeros meses de vida de nuestro bebé la conexión y el reconocimiento se harán de forma más intuitiva. Poco a poco empezarán a emerger rasgos de temperamento del niño que ayudarán a los padres a entender a sus hijos. En el siglo v a. C., Hipócrates definió cuatro tipos básicos de temperamentos que siguen vigentes, aunque matizados por algunas escuelas de psicología:

1. *Sanguíneo*. Las personas en las que predomina este temperamento son inquietas, nerviosas, expresivas, sociables, se distraen con facilidad, son sensibles a los estímulos, adaptables, generalmente extrovertidas y optimistas.

2. *Melancólico*. Estas personas suelen tener una mirada profunda y bonita, son tímidos, introvertidos, les gusta conversar cuando están en un entorno conocido, son sensibles. Profundizan en lo que les interesa o preocupa, a veces son indecisos, se ofenden fácilmente y pueden estar tristes sin razón aparente.

3. *Colérico*. El temperamento colérico pertenece a la persona que desafía, que pisa fuerte, que está segura de sí misma. Da la sensación de que «donde pone el ojo pone la bala», tiene buena capacidad de atención, rasgos de liderazgo y se enfrenta a los conflictos sin temor, aunque en su vertiente más negativa puede ser explosivo y controlador.

4. *Flemático*. Estas personas son tranquilas y suelen ser leales. Calmadas, nunca tienen prisa, les gusta comer y dormir, están a gusto con la rutina y no les atraen los cambios. Son unas personas meticulosas y se toman su tiempo

para hacer las cosas. Aunque pueda parecer que un flemático es tal vez menos despierto que un sanguíneo, los temperamentos no tienen nada que ver con la inteligencia, sino con las preferencias y reacciones emocionales ante la vida (Albert Einstein, por ejemplo, era flemático).

Es importante recordar que el temperamento de cada cual es simplemente una guía práctica para reconocer nuestro carácter básico y saber qué estímulos o formas de resolver conflictos son más apropiados en cada caso, pero podemos poseer simultáneamente rasgos de dos, o incluso tres, temperamentos. Asimismo, a lo largo de la vida, el rasgo predominante puede variar. Cuanto más trabajemos y desarrollemos nuestra vida emocional, menos estáticos seremos y más conscientes de que nuestras necesidades, y las de nuestro entorno, están en continua evolución.

La convivencia entre los cuatro temperamentos

Todos los temperamentos presentan cualidades y defectos. Ninguno es superior al otro, cada uno aporta características distintas. El mundo quedaría muy empobrecido si todos pretendiesen ser coléricos o flemáticos. Gracias a la diversidad de temperamentos, mantenemos en las familias y en el mundo exterior un ecosistema de cualidades y características que se complementan. Los temperamentos nada tienen que ver con la inteligencia ni con la capacidad de empatizar con los demás o de desarrollarnos emocionalmente. Simplemente encararemos estas capacidades y posibilidades de forma distinta. La comprensión del temperamento de cada miembro de la familia o del núcleo humano facilita la aceptación y la resolución de los distintos enfoques y reacciones emocionales de unos y otros.

Según su temperamento, los padres y las madres tienden hacia un modelo educativo. En general, sanguíneos y flemáticos tienden a la permisividad, ya que no les gusta el conflicto y prefieren ceder. Los melancólicos también se inclinan hacia la permisividad por su aversión a la confrontación. Sólo el temperamento colérico tiende hacia el modelo autoritario. Sea cual sea el temperamento, la comprensión del mismo le ayudará a detectar qué estilo educativo aplican en casa; es decir, sus reacciones, tanto instintivas como conscientes, ante el comportamiento de sus hijos. Ser conscientes del propio tipo de temperamento también ayudará a superar aquellas diferencias o fricciones entre padres e hijos habituales entre formas de ser muy divergentes.

Existe una regla básica de cara a encajar los distintos temperamentos de los miembros de la familia: no debemos pretender cambiar a nadie. El respeto por los demás —y el sentido común— dicta que sólo podemos pretender cambiarnos a nosotros mismos, no a los demás. En un núcleo humano todos deberían ocupar el lugar que les corresponde de forma natural, un lugar marcado por el desarrollo emocional propio de cada edad, por el temperamento de cada persona y por sus necesidades afectivas y físicas correspondientes. Cuando cada miembro del grupo ocupa su propio espacio, los demás tienden a gravitar hacia su lugar correspondiente sin necesidad de luchas intestinas. En la medida de lo posible, conviene no forzar las situaciones sino dejar que los ánimos se sosieguen de forma natural. Para ello, los padres han de permanecer asertivos, sin estridencias y con normalidad.

En el hogar el acoplamiento entre los temperamentos y las necesidades del niño y de la madre es crucial. Algunos cuidadores pueden estar a gusto con un infante tranquilo pero sentirse abrumados por uno irritable. A veces el estilo de comunicación y de respuestas con los que la madre o el padre están familiarizados con sus otros hijos no se ajusta al nuevo bebé. La frustración mutua de no estar sincronizados puede afectar negativamente la vinculación afectiva resultante.

Si reconocemos las necesidades y el temperamento de cada persona, podremos concederles su lugar y permitirles expresarse de forma adecuada. Un hijo sanguíneo puede resultar desconcertante para unos padres flemáticos o melancólicos. Desde pequeño el sanguíneo será feliz cuando esté rodeado de niños y de adultos, y sus ocupaciones favoritas estarán volcadas en la socialización: fiestas de cumpleaños, reuniones familiares, salidas al zoológico... Pongamos que el padre, un melancólico en toda regla, pretende que su hijo pase el domingo por la tarde leyendo en casa. Para el padre melancólico, la soledad y la paz de un domingo dedicado a la lectura resultan muy atractivas y le permiten pensar y serenarse. Para su hijo sanguíneo resultará aburrido o incluso triste. Es importante ser conscientes de que a los miembros de nuestra familia no necesariamente les tienen que agradar nuestras aficiones; cuando ellos nos acompañen, de forma ocasional, en nuestro tiempo libre, y acepten hacer algo que en principio no les resulta particularmente divertido, sabremos que están haciendo un esfuerzo por compartir su tiempo con nosotros. Reconocer y agradecer este esfuerzo ocasional es gratificante para todos, una lección básica para reconocer nuestras diferencias y aprender a convivir con ellas de forma armónica.

El lema del padre o de la madre será pues: «Yo no voy a cambiar a mi hijo, voy a cambiar cómo lo trato». Si respetamos el temperamento y las necesidades de cada persona, encontraremos en el seno del núcleo familiar el espacio en el que todos puedan expresar lo mejor de sí mismos y aprenderemos a evitar determinadas exigencias y pautas de comportamiento inadecuadas, que podrían hacer peligrar la convivencia de la familia.

LAS NECESIDADES BÁSICAS DEL NIÑO

Sea cual sea el temperamento de las personas que nos rodean podemos estar seguros de que su necesidad emocional básica es el amor. Si tenemos hijos, esa necesidad es aún más perentoria, porque ellos necesitan la expresión constante y concreta de nuestro amor. Tal vez sea tentador atender en primer lugar otras necesidades, como las físicas: son más sencillas de reconocer y más fáciles de solucionar. Pero no tienen ni mucho menos el mismo potencial para transformar la vida de quienes nos rodean.

Pocos niños se sienten incondicionalmente amados. Sin embargo, la mayoría de los padres quieren a sus hijos sinceramente. La contradicción aparente estriba en el hecho de que *los hijos no creen de forma automática que les amamos, aunque necesitan estar seguros de ello por encima de todo,* porque nuestro amor les proporciona la seguridad que necesitan para aprender a amarse a sí mismos y, más adelante, a los demás. Es necesario que seamos capaces de expresar nuestro amor de forma comprensible.

Los recién nacidos captan con precisión el ambiente emocional de su hogar. Mucho antes de que sean capaces de hablar o de entender el significado de las palabras, los bebés perciben mensajes emocionales: el tono de la voz, un ambiente sereno, la sensación de estar atendido..., todo ello comunicará al bebé seguridad emocional y amor. A medida que los niños crecen, se vuelven cada vez más —y hasta un grado extremo— sensibles a las emociones de sus padres. En el desarrollo de las emociones de un niño tendrá pues muchísima importancia la relación con sus padres. Esta influencia se manifiesta desde la infancia, ya que, como explica el catedrático de Psicología John Gottman, los padres tienen una oportunidad única para enseñar a sus hijos formas de calmarse a sí mismos desde los primeros días de vida. Aunque los bebés son absolutamente dependientes y vulnerables, desde el primer momento pueden aprender claramente que les es posible pasar de emociones de ansiedad, miedo e ira intensas a emociones que les produzcan sentimientos de bienestar y recuperación. «Si ignoramos las necesidades emocionales de nuestros hijos —dice Gottman—, no podrán aprender esta lección básica. Sólo aprenderán que cuando lloran debido al miedo, a la tristeza o a la ira, experimentarán más miedo, más tristeza y más ira. Ésta es una lección que queremos evitar a toda costa que quede grabada en el inconsciente de nuestros hijos, porque les llevaría a tornarse pasivos y poco expresivos con tal de evitar el dolor del torbellino de emociones negativas. Cuando estos pequeños se disgustan, no tienen ningún sentido de autocontrol. Nunca nadie les guió desde el malestar hacia el bienestar, así que tampoco aprendieron a calmarse. Estos niños han aprendido a experimentar que las emociones negativas son como agujeros negros de ansiedad y temor».

Durante su primer año de vida, los bebés no son, ni mucho menos, observadores pasivos: comprenden y sienten mucho más de lo que parece. A partir de los seis meses incluso podrán entender las intenciones de quienes los rodean y empezarán a vislumbrar los efectos de sus propios actos.

AUTONOMÍA VERSUS SEGURIDAD

Algunos padres, siendo conscientes de que la vida es difícil fuera del hogar y con el objetivo de fortalecer a sus hijos frente a futuros obstáculos y decepciones, optan por fomentar su independencia y su combatividad. Es el caso, por ejemplo, de los padres que obligan al niño a dormir solo desde los primeros meses, aunque esté aterrado; que lo dejan llorar de hambre regularmente con tal de no incumplir sus horarios de comidas; que lo obligan a pasar largas horas jugando solo en su habitación o en el parque porque «así aprende a estar solo y a ser independiente». Educan al hijo al son de que «la vida es dura, espabílate, búscate la vida».

Los seres humanos somos supervivientes y podemos salir adelante en circunstancias difíciles. Existen casos en los que la resiliencia —nuestra capacidad de sobreponernos a situaciones límite— de algunos niños ante los malos tratos y ante las carencias emocionales es ejemplar. Además, los hijos quieren de forma natural a sus padres y les perdonan generosamente, una y otra vez, los errores que éstos cometen, lo que ayuda a su propia supervivencia. Pero las consecuencias de una educación demasiado estricta, poco adaptada a las etapas de desarrollo evolutivo del niño, pueden ser muy negativas, sobre todo cuando forzamos a un niño a «quemar» etapas de aprendizaje emocional. Como explica Boris Cyrulnik en *Los patitos feos*, para poder aplicar la resiliencia a la hora de superar obstáculos, en estos primeros años el niño ha de aprender a amar y ha de ser amado de forma incondicional. Es la etapa en que nutrimos y consolidamos sus respuestas emocionales. Su hogar ha de ser un refugio sin fisuras donde el niño aprenda que es digno de ser amado y pueda transmitir este mensaje al mundo cuando le toque interactuar, trasladando la confianza y seguridad que ha sentido en su hogar al mundo externo. Inevitablemente nuestros hijos se enfrentarán en el futuro a un mundo difícil que les retará y pondrá a prueba su confianza en la vida. Pero estos retos han de ser progresivos: poco a poco, con la ayuda de sus padres y de sus profesores, el niño aprenderá a responsabilizarse y a enfrentarse a lo externo desde una gran fuerza interior, fruto de estos primeros años de seguridad en el hogar. No puede ponerse suficiente énfasis en la afirmación de que los primeros años de vida de nuestros hijos han de servir para establecer estos cimientos emocionales positivos y sólidos. Desde esta seguridad el niño se fortalecerá y podrá enfrentarse al mundo exterior con optimismo y generosidad. En esos primeros años ayudamos al niño a formar su mirada hacia el mundo: recelosa y desmotivada, u optimista y confiada. El niño estará preparado para «comerse el mundo» con generosidad, porque se siente partícipe del futuro, o para mirarnos de reojo con desconfianza, porque ya ha comprobado que nada bueno lo espera allí.

Existe un error de base muy común en los distintos enfoques educativos actuales. Tendemos a sobreproteger a nuestros hijos en el plano físico y a abandonarlos en el plano emocional. Un ejemplo típico es el del niño que mira la televisión sin control adulto y que, por tanto, está expuesto a escenas de violencia, maltrato o sexo que no está preparado para comprender desde el punto de vista emocional. Las consecuencias de la desprotección emocional son graves: niños desconcertados que «desconectan» de la violencia emocionalmente y que están sensorialmente sobreestimulados. Los padres no pueden renunciar, en aras de la comodidad o de la falta de tiempo, a proteger la vida emocional de los niños. A menudo compensamos esta desprotección emocional con una sobreprotección física, que dificulta que el niño se responsabilice de sus actos y lo priva de una sana libertad para ejercitar su autonomía. La falta de espacios seguros fuera del hogar es una de las lacras actuales de nuestra sociedad y fomenta la sobreprotección física.

En torno a los 3 años, el niño adquiere mayor consciencia de sí mismo y puede empezar a distanciarse de sus cuidadores más cercanos. Hasta entonces su capacidad de amar se expresaba más bien a través de la posesividad, ya que apenas tenía desarrollada la capacidad de dar a los demás. Este paso, que será fundamental de cara al futuro desarrollo emocional del niño, se afianzará, si el niño crece emocionalmente seguro, durante los próximos años.

Su capacidad de expresar amor crecerá de forma paulatina. Las incursiones al mundo exterior y la dependencia del hogar se desarrollarán en sentido opuesto a lo largo de los años, hasta que un día nuestros hijos sean capaces de enfrentarse al mundo exterior con confianza y solidez emocional. Un niño amado, seguro del amor incondicional de sus padres, aprenderá a amar de manera plena.

El amor incondicional y la autoestima

¿Qué es el amor incondicional y por qué es tan decisivo de cara al desarrollo emocional de nuestros hijos? Como hemos visto en el apartado «El establecimiento de los vínculos afectivos» del Capítulo I, la atención y el cuidado de las necesidades emocionales son fundamentales en la infancia porque crean los patrones afectivos que nos acompañarán durante el resto de la vida. Los niños necesitan recibir amor incondicional para sentirse dignos de ser amados, consolidar su autoestima y poco a poco aprender a amar a los demás. La atención que reciben de los adultos es su alimento emocional. Lo necesitan imperativamente para crecer emocionalmente fuertes y seguros. En esta base emocional segura radicará, en el futuro, su capacidad de convivencia con los demás.

Los niños dependen casi enteramente de sus padres para satisfacer esta apremiante necesidad emocional. Los adultos precisan, pues, aprender a responder de forma clara y contundente a las necesidades emocionales del niño. Si no lo hacen, el niño dudará del afecto de quienes lo rodean e intentará por cualquier medio asegurarse de este amor. Éste es un terreno resbaladizo: un niño emocionalmente inseguro reclamará la atención de sus padres y cuidadores de forma cada vez más insistente y probablemente inoportuna y aquí podrían esbozarse los primeros y conflictivos problemas de disciplina, tal y como se perfila en el capítulo siguiente.

Resulta a veces dramático ver cómo padres que quieren a sus hijos —y casi todos los padres quieren a sus hijos— no son capaces de transmitirles este amor. El desconocimiento de la psicología infantil, o de las prioridades que necesita y reclama inconscientemente el niño, o las carencias de nuestra propia educación emocional contribuyen a lastrar las relaciones entre padres e hijos. Así, los padres a menudo expresan su amor de forma condicional: su amor depende de algo más que de la simple existencia del niño. «¿Por qué es eso reprochable?», pensarán muchas personas, sobre todo si ellas, en su infancia, recibieron este tipo de amor. El amor condicional, explica el escritor y especialista en educación emocional Gary Chapman, está basado en los logros o rendimientos del hijo y suele ir asociado a un sistema educativo que entrena al hijo mediante regalos, recompensas y privilegios para que se comporte de una determinada manera. Si amamos a nuestros hijos sólo cuando nos complacen (es decir, desde el amor condicional), no se sentirán genuinamente queridos. Los queremos a cambio de algo. Si amamos a nuestros hijos sólo cuando cumplen nuestras expectativas, su sentido de valía dependerá de nuestro juicio. Cuando no consigan, o no quieran, cumplir nuestras expectativas, se sentirán incompetentes e indignos de ser amados. Sólo el amor incondicional puede impedir que la sensación de no ser queridos, el miedo, la inseguridad y el sentido de culpabilidad se apoderen de nuestros hijos.

El amor incondicional se distingue claramente de otros tipos de afecto. Chapman lo describe como *un amor que acepta al niño plenamente por aquello que el niño es, no por aquello que hace.* «Amamos a nuestros hijos de forma incondicional cuando los amamos al margen de su atractivo físico, de sus capacidades intelectuales y emocionales, de sus hándicaps, de aquello que esperábamos que fuesen y, más difícil aún, amamos a nuestros hijos incondicionalmente cuando los amamos a pesar de sus actos. Esto no implica en absoluto que nos sintamos cómodos con cualquier comportamiento de nuestros hijos. Quiere decir que les ofrecemos y les mostramos amor incluso cuando su comportamiento es reprochable». Los hijos necesitan enfrentarse a situaciones emocionalmente intensas para aprender a regular sus sentimientos y a resolver conflictos: «Puedes estar muy enfadado con tu hermana, pero no puedes decirle cosas mezquinas». Podemos corregir el comportamiento abusivo del niño sugiriendo formas más creativas y eficaces para resolver conflictos sin impedir la expresión de sus necesidades y sus sentimientos.

A muchos padres los quisieron en su infancia con un amor condicional. Por desgracia a muchos nos siguen queriendo de forma condicional, a cambio de algo, a lo largo de toda la vida adulta, y así nos acostumbramos a querer a los demás. Por ello, a menudo nos resulta difícil aceptar las premisas del amor incondicional. Puede preocuparnos, por ejemplo, que el amor incondicional tenga visos de una excesiva permisividad. Pero hay que distinguir entre estos dos conceptos. Amar incondicionalmente no significa tolerar cualquier comportamiento ni apoyar cualquier actitud. Significa establecer un sistema de prioridades en nuestras relaciones en general —y, de forma imperativa, con nuestros hijos—, en el cual nuestra primera responsabilidad y prioridad es asegurarnos de que nuestros hijos se sienten amados por sí mismos, sin condiciones. Sobre esta base segura un niño feliz y seguro de sí mismo, con buena autoestima, estará en condiciones de aceptar una disciplina coherente y firme. El niño retraído e inseguro, que no ha aprendido a quererse y respetarse y, por tanto, no ha desarrollado una autoestima saludable, difícilmente podrá asumir las exigencias de sus padres sin resentimiento y resistencia.

El amor incondicional exige, para muchos de nosotros, desarrollar una mirada nueva sobre los demás. Las expectativas cambian: ya no amamos a cambio de algo sino por respeto intrínseco hacia la persona, sus necesidades y sus capacidades particulares. Esto implica una aceptación sana y sin condiciones de quién es cada cual (aunque no de todos sus actos, evidentemente). Con la práctica, el amor incondicional se ofrece a los demás de forma cada vez más natural y sus beneficios se extienden no sólo a nuestros hijos, sino también a todas las personas de nuestro entorno. El amor incondicional ayuda a mejorar cualquier ambiente porque el estrés y la tensión de las expectativas cede y abre camino a relaciones interpersonales más relajadas, donde no se espera de los demás otra cosa que aquello que son genuinamente, sin reproches ni manipulación. El amor incondicional actúa como una brújula que marca un camino donde cada uno puede ser uno mismo sin temor, asumiendo paulatinamente la responsabilidad de compartir sus mejores cualidades con los demás y, paralelamente, fomentando el desarrollo de una saludable y sólida autoestima.

Una autoestima saludable no implica que el niño se crea invencible o perfecto, sino que confía en sus capacidades para salir adelante. Si los demás lo hemos aceptado con naturalidad, *sin condiciones pero sin pretensiones*, él aprenderá a confiar en sí mismo y a respetar sus capacidades. En este proceso ha de ser sincero: la autoestima no debe desarrollarse a cualquier precio. Resulta muy perjudicial intentar consolidar la autoestima de un niño en función de cumplidos o de afirmaciones que no responden a la verdad. Al cabo de un tiempo la realidad asestaría un duro golpe a la persona cuya autoestima depende de mentiras o de medias verdades. Como un castillo de naipes, esta persona se derrumbaría ante las primeras dificultades de la vida. Una autoestima saludable implica en cambio que el niño se conoce bien a sí mismo y acepta quién es. Desde esa base real el niño puede aprender el valor y la utilidad del esfuerzo y de la superación. El niño con baja autoestima, por el contrario, temerá intentar cualquier cosa porque está convencido de que no está a la altura de las circunstancias. Este niño tiene miedo a fracasar: «No puedo, no puedo» será su cantinela inconsciente. Ante la posibilidad del fracaso y de la decepción, este niño se volverá retraído y desconfiado y temerá enfrentarse a cualquier reto.

¿Cómo transmitir conscientemente seguridad y amor a los niños? Los niños tienden a pensar de forma concreta, desde la experiencia: expresar nuestro amor verbalmente no basta. Es importante que los ayudemos a asociar sensaciones precisas a nuestras palabras. Seremos más convincentes si asociamos las palabras a un hecho concreto: una caricia, por ejemplo, o tiempo compartido que refuerce el significado de las palabras «te quiero». Los niños perciben el amor principalmente a través de nuestros actos diarios. Esta forma de percibir amor resulta muy práctica porque significa que podemos, de forma deliberada, expresarles nuestro afecto en cualquier momento. Dará igual si el padre o la madre han tenido un día terrible en la oficina: el jefe ha hecho una serie de comentarios humillantes durante la reunión de trabajo, un compañero ha sido desagradable o simplemente nos vence el cansancio acumulado durante la semana y nos sentimos desmotivados y tristes. Al margen de esos sentimientos, incluso si nos sentimos poco amorosos, podemos expresarles afecto a nuestros hijos de forma concreta mediante actos y gestos sencillos.

LOS CINCO LENGUAJES DE AMOR

El doctor Chapman es autor de un método popular y práctico que destaca las cinco maneras básicas en las que las personas expresan y reciben amor: a través del contacto físico, compartiendo tiempo de calidad con las personas, haciendo regalos, con actos de servicio o a través de las palabras. Las denomina «lenguajes de amor» porque gracias a ellas podemos comunicar y recibir amor de forma directa y clara.

Cada persona tiene uno o dos lenguajes específicos con los que se siente especialmente cómodo para percibir y expresar amor. A veces expresamos amor en un lenguaje y deseamos recibirlo en otro. Si nadie nos habla en nuestro lenguaje de amor, nos resultará difícil sentirnos amados. Intentaremos provocar en los demás la expresión de amor en el lenguaje que entendemos mejor y sentiremos frustración si no lo conseguimos. Las consultas de psicólogos matrimoniales están llenas de parejas que dicen quererse pero que no parecen capaces de transmitir su amor al otro. Un ejemplo típico es el de Leo, el marido de mi amiga Sira, que expresa su amor con actos de servicio. Durante años Sira y yo hablamos de la inexpresividad emocional de Leo porque no éramos conscientes de que no todos expresamos el amor de la misma manera. Sin embargo, Leo reclamaba y expresaba amor, desde el principio de su convivencia con Sira, a través de los actos de servicio hacia los demás: Leo era servicial con las personas que él quería y también esperaba de Sira que estuviese pendiente de sus necesidades prácticas. A ella esta forma de entender el amor le resultaba muy extraña e incluso invasora. «Lleva tus camisas al tinte —le decía—. No me gusta cocinar, vayamos a cenar fuera».

«Cuando yo me quejo de que parece que no me quiere —me decía Sira— él contesta: "Hago todo lo que pides, te llevo en coche a trabajar por las mañanas, saco la basura por las noches, he ayudado a tu madre a hacer su mudanza, llevo a nuestro hijo al parque para que puedas trabajar...". La lista era siempre interminable». Lápiz en mano, puestos a comparar actos de servicio, Leo ganaba siempre por goleada. Sira, en cambio, deseaba que él hubiese sido capaz de expresar su amor buscando tiempo para un fin de semana romántico o para decirle algo cariñoso al final del día. Pero aunque ella se lo pidiese explícitamente él no se daba nunca por enterado. Cuanto más se quejaba ella más se esforzaba él en sacar la basura con puntualidad o cambiar la bombilla del baño. Sira no percibía los actos de servicio de Leo como muestras de amor. Esto, además de crear un problema de comunicación emocional grave, puede parecerle desagradecido o injusto al que se está esforzando por comunicar amor a través de su propio lenguaje.

Existen indicios fiables que ayudan a determinar el lenguaje de amor característico de las personas que nos rodean. Por una parte, reaccionarán muy positivamente cuando les hablemos en su lenguaje de amor y en cambio se sentirán heridos cuando les castigamos con ese lenguaje (por ejemplo, una persona que expresa y recibe amor compartiendo tiempo de calidad con los demás se sentirá muy desdichada si los demás no le dedican ese tiempo; otra persona que expresa su afectividad a través del contacto físico interpretará cualquier distancia física como una falta de amor). Para descubrir el lenguaje de amor de nuestros hijos o de nuestra pareja, debemos fijarnos en aquello que tienden a reclamar más a menudo: «Quisiera irme de viaje contigo, a solas»; tomar nota de sus quejas más frecuentes, como por ejemplo: «Nunca me abrazas»; y ofrecerles opciones de ocio y de tiempo compartido, para ver qué lenguaje de amor prefieren. Si acostumbramos a nuestros hijos a dar y recibir amor en *todos* los lenguajes, el día de mañana podrán comunicarse libremente en todos ellos con una amplia serie de formas de ser.

Una de las formas más directas de comunicación entre seres vivos es el *contacto físico*. Es una forma de comunicación sencilla porque no requiere palabras. Las palabras pueden ser, en la convivencia, fuente de muchos problemas, tanto por lo que no conseguimos expresar de forma adecuada, como por lo que no decimos a tiempo. Las muestras de cariño —un abrazo, una palmada en la espalda, una caricia, una mirada— ayudan a reconfortar al otro y a transmitirle nuestro afecto de forma casi instantánea. También existen maneras lúdicas de expresar el afecto a través del contacto físico; por ejemplo, a través de juegos como el baloncesto, el fútbol, la lucha libre... Esto es particularmente importante para los niños varones de entre 7 y 9 años de edad, ya que a esta edad suelen retraerse ante el contacto físico explícitamente afectuoso pero necesitan seguir recibiendo y expresando las emociones a través de otras formas de contacto físico.

Algunas personas evitan el contacto físico o lo convierten en algo puramente utilitario: tocan a sus hijos cuando tienen que vestirles o sentarles en el coche. Despojan así al contacto físico de cualquier carga emotiva. A veces tratamos nuestro cuerpo como una barrera, algo que nos protege de los demás en vez de ayudar a comunicarnos. En los sociedades latinas, más acostumbradas a la expresión física del afecto, el contacto físico entre personas es, afortunadamente, bien tolerado.

Porque es directo y cálido, el contacto físico es muy importante cuando una persona está enferma o triste.

Las palabras son la expresión explícita de nuestra aprobación, o desaprobación, de los demás. Para expresar nuestro amor a través de las palabras utilizamos *palabras de afirmación*: elogios, palabras de aliento, palabras de apoyo o de afecto. El poder de nuestras palabras, sobre todo en la psique de los niños, es mucho mayor de lo que solemos creer. Casi todos recordamos palabras que, aun siendo fugaces, nos marcaron de por vida, como aquella vez en que nuestra madre nos dijo que necesitábamos arreglarnos porque no éramos físicamente atractivos, o aquel día en que el profesor de gimnasia nos llamó torpes, o aquella ocasión en que una profesora nos dijo que nos faltaba imaginación. Los niños creen que pensamos sinceramente todo lo que les decimos. Si somos conscientes de ello, sopesaremos mejor el poder de nuestras palabras, sobre todo para comunicar amor o desprecio.

Las palabras de afecto, de cariño, de felicitación o de ánimo apoyan a los demás de forma positiva. Tras cada palabra de aliento y de reconocimiento comunicamos en silencio a la otra persona: «Te quiero y me interesas de verdad». Estas palabras alimentan el sentido de valía y de seguridad del niño y de los adultos que nos rodean. Las palabras de amor y cariño se dicen casi sin pensar, pero su huella es duradera. Por el contrario, cuando las palabras son hirientes y se espetan a raíz de una frustración o enfado pasajeros pueden dañar nuestra autoestima y hacernos dudar de nuestras habilidades.

Los padres que tienden a comunicarse de forma verbal agresiva o poco cariñosa con sus hijos pueden ayudarse mutuamente pidiendo a la pareja que grabe las conversaciones entre padres e hijos: puede resultar muy chocante para el padre o la madre implicados, pero es muy eficaz para romper una dinámica de comunicación verbal desafortunada. Esta técnica se emplea con buenos resultados en algunos cursos de formación de profesorado en Europa, porque pone al adulto frente a una forma de hablar que resulta mucho más hiriente de lo que el propio adulto percibe, bien porque a él le hablaban así de pequeño y le parece una forma de hablar natural, bien porque se ha acostumbrado a decir determinadas palabras o expresiones sin concederles la importancia que les otorga el niño. Si a pesar de los intentos de los padres por evitar las palabras negativas éstas se profieren, es preferible disculparse, decir al niño que se lo quiere y que se está intentando mejorar la forma de comunicar este amor. Aunque estas palabras hirientes no podrán borrarse del todo, las disculpas sinceras paliarán en parte el efecto negativo.

El especialista en educación emocional Maurice J. Elías comenta que a menudo, cuando decimos algo a nuestros hijos que no permitiríamos que ningún extraño o vecino les dijese, lo hacemos con la sensación de que «bueno, son nuestros hijos. Ellos entenderán que no lo decimos de verdad». En realidad, el impacto emocional de unas palabras o mensaje negativos por parte de los padres pesa muchísimo más en el niño que unas palabras o mensaje positivos de un extraño. «Cuando un ser querido nos dice: "No llegarás nunca a nada, como toda la familia de tu padre", el niño piensa: "O mi madre está loca de atar o tiene razón". El niño no puede ignorar a sus padres como ignora a un extraño —recuerda Elías—. En general, el impacto de las palabras negativas de los padres es mucho mayor del que ellos son conscientes».

El *tiempo de calidad* es, simplemente, un tiempo de atención sostenida, dirigida al hijo de manera exclusiva. En esta sociedad apresurada el tiempo de calidad que compartimos con nuestros hijos es un regalo generoso por parte de los padres porque supone el sacrificio de tiempo para uno mismo o para la pareja. Es más sencillo ofrecer contacto físico y palabras de afirmación a nuestros seres queridos porque no requieren tanto tiempo.

El factor decisivo en el tiempo de calidad no es tanto la actividad que se lleva a cabo, sino el hecho de compartir algo juntos, sin presiones ni obligaciones, por puro placer. El tiempo de calidad permite aprender a conversar y a escucharse sin prisas, tal vez sin un sentido claro de adónde se quiere llegar, sin un objetivo que cumplir. A menudo, en muestra sociedad, el tiempo se mide en función de su rendimiento y el rendimiento ha de ser evidente. Con el tiempo de calidad no le pedimos cuentas a nuestro tiempo. Lo regalamos por amor.

En una sociedad donde las personas son cada vez más espectadoras en vez de participantes, la atención personalizada es cada vez más importante. Las personas necesitamos tiempo de calidad para percibir y demostrar amor. Emprender este camino compartido con los demás es fundamental. Encontrar el tiempo necesario para conversar con nuestros hijos, a cualquier edad, es clave para que aprendan a comunicarse de una forma íntima y sosegada; más adelante podrán trasladar este conocimiento a sus futuras relaciones, incluyendo su vida de pareja. Si solamente hablamos con nuestros hijos para corregirles, no aprenderán el valor emocional de la atención positiva y concentrada.

Con los más pequeños el doctor Chapman recomienda que aprovechemos la hora de ir a dormir, porque suele ser un momento propicio para una conversación: es un momento del día en el que los niños están particularmente pendientes de sus padres, tal vez por la falta de distracciones ambientales o por el deseo de retrasar unos minutos la hora de ir a dormir. Los ritos a la hora de ir a dormir son cálidos e íntimos e inducen al niño a sentir confianza y relajarse. Ayudan a tejer lazos emocionales entre padres e hijos. Las prisas de la sociedad en la que vivimos contrastan con estos momentos de paz y de tiempo aparentemente «perdido». Los beneficios del tiempo que pasamos con nuestros hijos, dedicados a desarrollar la confianza y el amor mutuos, serán incontestables a medio y largo plazo. Para ello, afirma Chapman, es necesario marcar prioridades y resistirse a la «tiranía de lo urgente».

El *lenguaje de los regalos* puede resultar difícil de comprender a primera vista. En una sociedad descaradamente consumista, el regalo ha perdido parte de su sentido más noble. Un regalo no tiene por qué ser un objeto frívolo o innecesario: puede ser un objeto de primera necesidad que damos al niño como regalo, con amor. Si distinguimos de forma clara entre objetos de primera necesidad, como la mochila para llevar los libros al colegio o un par de deportivas nuevas, y regalos convencionales, como una muñeca o un lego, acostumbramos al hijo a recibir los objetos de primera necesidad como si fuesen debidos y a no reconocer el amor que subyace en el regalo de estos objetos. *Todos* son regalos. Para el niño o el adulto cuya forma principal de demostrar o de recibir amor es el acto de regalar o de recibir regalos, cada regalo será una fiesta, al margen de su importancia o uso. Lo que este niño o adulto percibe tras el lenguaje de los regalos es el amor de sus padres o seres queridos, que se manifiesta más claramente para él o ella a través del regalo, de la ofrenda, en un sentido amplio. Si regalamos con este espíritu, el niño aprenderá a dar y a recibir con el mismo espíritu generoso.

Resulta tentador, en determinadas circunstancias, regalar de manera indiscriminada a nuestros hijos para evitar la expresión del amor en sus demás lenguajes. Muchas familias disfuncionales intentan remediar la falta de empatía y de comunicación emocional a través de los regalos. Sin embargo, regalar debería ser un lenguaje de amor y no una herramienta para manipular. Recuerda Chapman que si un padre ofrece un regalo a su hijo para que éste recoja su habitación, no estará ofreciendo un regalo sino un pago por servicios prestados. Si le damos un cucurucho de helado a nuestra hija a cambio de que esté callada un rato porque estamos exasperados, estamos manipulando su comportamiento con un soborno. «El niño no sabe tal vez qué significa soborno o pago por servicios prestados, pero comprenderá perfectamente el concepto».

Exceptuando en navidad y en los cumpleaños, quizá, es aconsejable que los niños nos ayuden a elegir sus regalos porque sus preferencias son importantes y a partir de ellas pueden empezar a distinguir, por ejemplo, entre sus deseos fugaces y sus deseos más profundos.

El último lenguaje de amor es el de los *actos de servicio* a los demás. La convivencia presupone una serie de obligaciones y tareas que los adultos se reparten para sacar adelante al grupo humano al que pertenecen. Gran parte de la vida de un adulto, pasada la primera juventud, suele estar dedicada a cuidar de los demás a través de estos actos de servicio. Así, los actos de servicio no son solamente un lenguaje adicional de amor, sino que forman parte de la vida de la mayor parte de los adultos. Ser padres constituye una labor de servicio constante a nuestros hijos. Los actos de servicio son física y emocionalmente exigentes. Si los padres se sienten víctimas de sus hijos, en el sentido de que están resentidos por el tiempo y el cansancio que implican los actos de servicio que hacen por ellos, éstos percibirán poco amor tras cada acto de servicio. Un acto de servicio no es una necesidad y una obligación, sino algo que se hace de manera generosa para ayudar al otro. Como resulta imposible mantener esta actitud constantemente, es útil detenerse de vez en cuando y asegurarse de que no perdemos este espíritu en el cuidado de nuestros hijos.

Los actos de servicio tienen otra meta a medio o largo plazo: servimos a nuestros hijos, pero a medida que ellos crecen tienen que aprender de manera paulatina a ayudarse a sí mismos y a los demás. Chapman asegura que este proceso no resulta rápido ni cómodo. Invertimos más tiempo en enseñar a un hijo a preparar su comida que en hacerla nosotros mismos. Muchos padres piensan que no tienen tiempo para enseñar a sus hijos a poner la lavadora o son demasiado perfeccionistas para dejarles hacerlo. Esto resulta muy perjudicial para los niños, porque no aprenden a cuidar de sí mismos.

También es importante recordar que en una familia todos tienen talentos especiales. Nuestros hijos no tienen por qué poseer las mismas habilidades. En cambio, pueden sorprendernos con las suyas propias. Los actos de servicio en una familia pueden variar según las capacidades y preferencias de cada miembro.

A medida que el hijo crece, será más evidente que responde con más facilidad y más profundamente a uno de los cinco lenguajes de amor. Ese lenguaje tendrá para él o para ella mucho sentido porque le llega de forma directa. Descubrir el lenguaje de amor de su hijo o ser querido es importante: así podrá expresarle su amor de forma más directa e inteligible, y también podrá ser consciente de que si usa un lenguaje de amor de forma negativa, fruto de una frustración pasajera o de un ataque de ira, el resultado será muy dañino y contundente.

Los lenguajes de amor resultan útiles para desbrozar el camino que nos permite tejer una comunicación emocional directa con las personas con las que convivimos. Cuando reconocemos el lenguaje de amor de nuestro hijo o de nuestra pareja, nos resulta más sencillo comprender por qué tal vez, y a pesar de nuestros esfuerzos, no conseguíamos transmitirles nuestro amor de forma convincente. Reconocer y respetar tanto el temperamento como el lenguaje de amor de las personas con las que convivimos ayuda a abrir cauces de comunicación emocional y crea un ambiente más cálido y seguro para la convivencia diaria y para la resolución pacífica y creativa de los conflictos, que forman parte ineludible de la convivencia humana.

III

La resolución de los conflictos

«Todavía los indios ven a los blancos como seres
brutales que tratan a sus hijos como enemigos
que deben ser sobornados, castigados o mimados
igual que frágiles juguetes. Piensan que los niños que
así se crían crecerán dependientes, sin madurez
y víctimas de explosiones de ira no dominada
en el propio círculo de la familia».

Así eran los sioux, de Mari Sandoz,
que creció junto a una reserva de indios *sioux*
en Dakota del Sur, Estados Unidos.

Existen creencias que nos impiden enfrentarnos a los
conflictos y a la disciplina de forma positiva. Una de ellas
es que el conflicto es siempre, o exclusivamente, negativo.
Nuestro entorno fomenta esta visión: el conflicto se aso-
cia en general a la pobreza, a la guerra y a la violencia. Esto implica que nos ponemos a la defensiva ante cualquier
conflicto, lo cual dificulta su resolución pacífica y tiende
a magnificar inmediatamente el problema. El conflicto,
sin embargo, es un hecho natural e inevitable. No todos
los conflictos pueden solucionarse; pero aquellos que sí
podrían resolverse exigen que seamos conscientes de que

el conflicto tiene aspectos positivos: puede enseñar a transigir, a establecer nuevas relaciones, a aprender a través de la experiencia, a perdonar, a comprender, a ponerse en el lugar de los demás, a cambiar de mentalidad, a llegar a un consenso, a ver el conflicto como una oportunidad de crecimiento...

La disciplina coercitiva —la que obliga de manera tajante al niño a cumplir la voluntad del adulto, supuestamente porque es más ignorante y debe ser disciplinado a la fuerza «por su propio bien»— resulta en apariencia muy eficaz a corto plazo en un sentido estricto de causa-efecto: el niño física o psicológicamente amenazado tiene miedo y reprime el comportamiento que ofende al adulto. Los efectos psicológicos a medio y largo plazo, sin embargo, son preocupantes. El niño castigado de forma arbitraria y agresiva acumula emociones negativas hacia sus padres, que luego trasladará hacia cualquier forma de autoridad y también a su futura vida familiar. La violencia en el hogar forma una espiral creciente de agresividad que la persona arrastra consigo allí donde vaya durante toda su vida. El psicoanalista John Bowlby denominó «círculo de la desventaja» a la progresión geométrica de los efectos de la degradación social, alimentada por el hecho de que los niños maltratados de hoy son los padres irresponsables del mañana.

Los niños pequeños tienen dificultades para pensar en opciones distintas a las que tienen ante ellos en un determinado momento. Ha de ser el padre, la madre o el maestro quien piense con creatividad suficiente para impedir o deshacer situaciones sin salida aparente. Pongamos el caso de una profesora que le dice a un niño de 5 años que no puede entrar en clase si no se quita el abrigo. El niño se niega a ello y la profesora lo obliga a pasar toda la mañana sentado en la antesala de la clase, junto a los percheros. En casos como éstos, en los que el adulto se mide con el niño por un conflicto de poder, con la correspondiente descompensación, deberíamos prestar atención a los sentimientos y a las tensiones internas de los adultos cuando se relacionan con niños. ¿Son razonables nuestras demandas y peticiones de cara al niño? ¿Cómo me siento cuando un niño cuestiona mi autoridad? ¿Cómo quiero ejercer mi autoridad o poder sobre el niño? La base de nuestra interacción con los niños reside en la respuesta a estas preguntas.

Un niño que se siente injustamente castigado pierde a la larga la confianza en sus dos mayores refugios: el amor incondicional de sus padres y la seguridad de su hogar. Un niño que no se siente amado no desarrolla una sana autoestima porque no puede aceptarse a sí mismo ni aprende, por tanto, a relacionarse de forma generosa con los demás. Su lección inconsciente, la cantinela que lo acompaña machaconamente es «no soy digno de ser amado» y «me castigan porque me lo merezco».

En paralelo, este niño siente rabia y resentimiento hacia quienes le hacen sentirse mal. Reprime su rabia, porque así se lo exigen los adultos a la fuerza, pero crece albergando en su interior emociones negativas que trasladará al resto del mundo cuando se emancipe. Habrá aprendido en su hogar a no esperar amor ni compasión de los demás, así como que los problemas se resuelven de forma contundente —aunque sea injusta— a través de la ley del más fuerte. No olvidará nunca esas dos lecciones.

LOS PARADIGMAS DE LA DOMINACIÓN Y DE LA COOPERACIÓN

Si reflexionamos brevemente acerca de los enfoques sociales en los que puede enmarcarse la disciplina parental, resulta interesante considerar los dos modelos básicos que la escritora Riane Eisler describe y que a veces compiten dentro de una misma cultura: los paradigmas de la dominación y de la cooperación.

El paradigma de la dominación ha sido el modelo tradicional presente en gran parte de la historia europea. Tomemos, a modo de ejemplo, cuatro necesidades universales para el desarrollo de los niños: el sentido de pertenencia, el desarrollo de determinadas competencias o habilidades, la independencia y la generosidad. Si comparamos la forma en que los dos paradigmas —el de la dominación y el de la cooperación— valoran las necesidades de los niños de cara a estas necesidades, veremos reflejados muchos de los criterios educativos y disciplinarios actuales que imponemos a nuestros hijos:

El sentido de pertenencia es el principio que subyace en las culturas cooperativas. La importancia de cada miembro de las sociedades cooperativas se mide en función de su pertenencia al grupo, mientras que en los paradigmas de dominación se otorga mayor importancia al individuo que sobresale de los demás.

El desarrollo de determinadas competencias puede valorarse en función de cuánto haya mejorado el individuo —en la superación de dificultades— o bien comparando su nivel de competencia con el de otros. En las culturas dominantes los ganadores muestran su competencia derrotando a los perdedores. En los paradigmas cooperativos todos los logros pueden celebrarse.

La independencia permite que cada persona ejerza cierto control sobre su vida. La sensación de controlar nuestro destino, al menos parcialmente, es uno de los indicadores de felicidad más determinantes. En el paradigma de la dominación, sin embargo, unos pocos pueden ocupar puestos de poder, pero la mayoría tiene que someterse.

La generosidad tiene mucha importancia en entornos donde la cooperación, es decir, las relaciones interpersonales, son básicas. En cambio, en los paradigmas o culturas donde prevalece la dominación se mide la calidad de vida en términos de acumulación de bienes materiales.

En otras palabras: en general, en nuestras sociedades occidentales pretendemos que nuestros hijos aprendan que cuanto más sobresalen sobre los demás, más valen; que su habilidad se comprueba derrotando a los perdedores; que deben intentar copar un puesto que les permita someter a los demás; y que la calidad de vida se mide en términos de acumulación de bienes materiales.

Éstos son valores que de forma frecuente subyacen en el mundo en el que desearíamos ver triunfar a nuestros hijos. La otra cara de la moneda es que los valores que consideramos deseables para nuestros hijos *también* rigen la forma que tenemos de disciplinarlos. Les marcamos pautas porque deseamos que consigan determinados fines, que sean triunfadores en una sociedad lastrada por el paradigma de la dominación. Para ello utilizamos una disciplina tan áspera como los fines a los que va dirigida: la disciplina del más fuerte sobre el más débil, aquella que a la fuerza impondrá sus valores a unos seres que consideramos inmaduros y, por tanto, ignorantes.

Los dos términos, sin embargo, no tendrían por qué ir aparejados. La inmadurez no implica ignorancia, sino simplemente falta de experiencia. Los niños tienen, a pesar de su falta de experiencia, preferencias y una visión de la vida que los adultos no tienen derecho a arrebatarles. Sus emociones son tan intensas como las nuestras. Damos por sentado que tenemos derecho a «programar» a nuestros hijos y a menudo confundimos el derecho a educarles con el derecho a adoctrinarles. Y casi nadie cuestiona lo anterior, aunque alguna voz, como la del genetista y escritor Richard Dawkins, denuncia de forma contundente estas prácticas habituales como un inaceptable lavado de cerebro durante la infancia.

En la mayor parte de los países del mundo, las sociedades patriarcales, basadas sobre el paradigma de la dominación, también han negado a las mujeres el derecho a una visión del mundo diferente a la de los hombres. Y de la misma forma la violencia se utiliza para amordazarlas y someterlas. En aquellos pocos lugares del planeta donde se respetan los derechos humanos entre los sexos, como es el caso de nuestras sociedades occidentales, parece probable que los derechos de los niños emprenderán un camino similar, porque poco a poco se abre paso la convicción de que la visión y la aportación de cada ser humano, pequeño o grande, joven o viejo, hombre o mujer, merecen respeto y enriquecen la comunidad a la que pertenecen.

¿QUÉ SE ESCONDE TRAS EL COMPORTAMIENTO DE UN NIÑO?

En principio, y como criterio básico, el comportamiento de un hijo está casi siempre ligado a la necesidad de recibir amor. Pero aunque el niño comprende de forma instintiva que necesita recibir amor —es su alimento emocional básico— no es capaz de tener en cuenta, al menos en sus primeros años de vida, las necesidades de sus padres, porque ama con un amor que está centrado sobre sus propias necesidades. Si no se siente incondicionalmente amado, el niño experimentará la necesidad apremiante de reafirmar que sus padres lo quieren. La respuesta de los padres a esta pregunta sigilosa determina en buena parte el comportamiento del niño.

El niño reclama amor en forma de atención. La atención que reclama el niño es, por tanto, el alimento de su vida emocional. Sin embargo, no es aconsejable dar al niño cualquier tipo de atención, indiscriminadamente. El arte de ser padres consiste en regular esta atención a la medida del niño, es decir, en saber dar a los hijos una atención adecuada, en vez de la atención sin límites, que nos exigiría un niño demandante o exigente, como define la pedagoga mexicana Rosa Barocio aquellos niños que exigen atención de forma continuada.

El niño exigente y el niño fantasma

Recuerda Rosa Barocio que en el antiguo modelo autoritario el adulto tenía derechos absolutos sobre sus hijos. El castigo, para ser eficaz, tenía que humillar y doler, porque se trataba de quebrantar la voluntad del niño. En cambio, en el modelo permisivo imperante hoy en día, los derechos pertenecen al niño. El niño exigente reclama amor en forma de atención desmedida, agotando la paciencia y las energías de sus padres. Evidentemente hay que lograr encontrar un equilibrio que respete a cada parte, padres e hijos, de forma mutua. El egoísmo y el egocentrismo son naturales en la infancia. Precisamente por ello, una buena labor educativa ayudará al niño a tener en cuenta a los demás, a ser sociable y a dar los pasos necesarios para dejar de ser una persona egocéntrica. Una educación emocionalmente inteligente enseña al niño a tolerar la frustración y a comprender y aceptar que las otras personas también tienen necesidades y derechos.

A medida que el niño crece, sus necesidades cambian, tanto en la cantidad como en el tipo de atención requerida. Un niño que recibe una atención emocional adecuada será capaz de separarse paulatinamente de sus padres, asumiendo con naturalidad el grado de autonomía propio de su edad. Si a un niño de 5 años le damos la misma atención que a un recién nacido —una atención total— se agobiará. El recién nacido, en cambio, se sentiría abandonado si sólo le diésemos la atención propia de un niño de 5 años y se convertiría en un niño emocionalmente escuálido, necesitado de amor y de atención. A medio plazo el niño que recibe poca atención se siente insignificante, tiene una baja autoestima y da la sensación de sentirse solo y abandonado. Por desgracia, y como es habitual con los niños, asumirá que tiene la culpa de su desamparo: «No recibo atención porque no la merezco». En cambio, el niño que recibe demasiada atención es un «obeso» emocional: se vuelve exageradamente egocéntrico porque se siente excepcional. Las consecuencias son malas para todos y se trasladan a la vida escolar del niño, porque en el colegio exige la misma atención que recibe en casa. La niña «princesa», por ejemplo, intentará imponer a sus amigas que

siempre jueguen a lo que ella quiera y provocará el rechazo de los demás niños. Los niños demandantes —tanto el
«escuálido» como el «obeso»— tienen problemas de
adaptación social y reclaman atención de forma exagerada
o equivocada.

La atención que reclama el niño exigente adopta distintas formas. Sin embargo, aunque estos rasgos se dan
ocasionalmente en muchos niños, la situación sólo es preo-
cupante cuando se convierten en habituales. Algunos niños exigentes piden cosas materiales de forma constante,
otros hablan sin cesar o bien reclaman la atención visual
del adulto. Éstos suelen ser de temperamento sanguíneo y
extrovertido, y su demanda exagerada de atención puede
agotar al adulto. Otros niños, de temperamento más melancólico o flemático, piden atención a través del llanto y
de la queja. Parecen tímidos y desvalidos y reclaman con
frecuencia ayuda, aunque en muchos casos serían capaces
de solucionar sus propios problemas. Más adelante se
convertirán fácilmente en personas dependientes y victi-
mistas. Los niños más presumidos, en cambio, necesitan
halagos constantes; sus padres les pasean como si fuesen
un trofeo. Otros niños dedican sus esfuerzos a contentar
las expectativas de sus padres; los niños muy complacien-
tes llegan incluso a perder el contacto con sus propias necesidades. En esta línea, el niño modelo carga con una
etiqueta «positiva» que lo obliga a intentar ser responsable y perfecto: será un niño estresado, porque la perfección
resulta una carga tremenda. El niño modelo cree, porque
recibe amor condicional, que los demás sólo lo podrán
querer por sus cualidades e intentará reprimir lo que considera la parte menos aceptable de su carácter.

Algunos niños, especialmente los de temperamento colérico, se sienten fuertes y exigen que no se les controle. Desafían a los adultos cuestionando su autoridad y exhiben conductas poco decorosas o molestas. Si el niño rompe un objeto, o daña o hiere a alguien, dice que está herido. Aunque el niño de comportamiento agresivo necesitaría cariño y aceptación, su actitud provoca rechazo y dificulta la labor del adulto, quien para romper este círculo vicioso deberá hallar la causa emocional de tal demanda exagerada de atención.

En el polo opuesto del niño exigente se sitúa el niño fantasma, que quiere pasar desapercibido y teme cualquier exposición porque tiene muy poca confianza en sí mismo. Este niño necesita que sus padres eleven su autoestima con cariño y le guíen paulatinamente a encontrar su lugar en el mundo.

En todos los casos, el exceso de atención a estas pautas de conducta infantil las afianzará, porque el niño habrá conseguido superficialmente el resultado que buscaba, esto es, la atención de sus padres. Para mejorar el comportamiento del niño debemos fijarnos ante todo en la causa —¿por qué está estresado o necesitado de atención este niño?—, atender dicha causa y restar importancia, con cariño, a las demandas de atención constante.

DISCIPLINAR COMO LA NATURALEZA:
SI CAMINO DISTRAÍDO, ME CAIGO

La palabra «disciplina» viene de una palabra latina que significa «instrucción». Gary Chapman asegura que los padres dedican más de una década a instruir o entrenar a sus hijos hasta un nivel aceptable de autodisciplina, sin contar con los primeros años de vida, en los que el bebé requiere un cuidado total. «Éste es el camino hacia la madurez que todos los niños deben recorrer. Es una labor ingente para los padres, que requiere sabiduría, imaginación, paciencia y mucho amor».

Para que el niño no recorra este camino con resentimiento y hostilidad, o incluso de forma obstructora, deberá sentirse aceptado por sus padres. Por ejemplo, un niño que piensa que es una carga para su padre tendrá baja autoestima, pero también sentirá que su padre lo castiga simplemente porque no quiere molestarse en atenderlo. Crecerá con una mezcla de baja autoestima y resentimiento hacia su padre.

Si nos educaron con criterios de restricción y dureza, o si nuestros propios padres nos demostraban poco afecto, tal vez seamos reacios a reconocer la importancia de alimentar emocionalmente a nuestros hijos. En estos casos muchas personas piensan que el papel principal de los padres es castigar al hijo, *enderezarlo* para que encaje en una determinada forma de vida. Tal vez desde esta visión restringida de la disciplina, en la que el castigo ocupa un lugar preponderante, olvidan que existen muchas otras formas de comunicarse con los hijos: podemos hablar, discutir, aclarar y resolver de forma consensuada una situación. Los hijos tienden a admitir mucho mejor las normas si éstas se han consensuado con ellos. Esto puede hacerse de forma cada vez más frecuente a partir de la preadolescencia. Enseñar con el ejemplo es otra forma de conducir a un hijo hacia la disciplina y la autorregulación. También ayuda fijarse en los ejemplos prácticos que nos rodean. Incluso los refuerzos positivos o negativos, como las recompensas, ayudan a veces a modificar el comportamiento aunque son controvertidos porque pueden derivar fácilmente en manipulación tanto de padres a hijos como de hijos a padres. En resumen, hay muchas maneras de disciplinar que pueden ayudar a equilibrar el comportamiento de un niño. El castigo, que para muchos padres es sinónimo de disciplina, es en realidad sólo una de sus expresiones y también es la más negativa. Resulta paradójico —y esto es poco conocido por los educadores— el hecho, comprobado a través de la «teoría del castigo insuficiente», de que, cuanto más duro es el castigo que se aplica a un niño menos probabilidades hay de que dicho niño cambie de actitud o de comportamiento.

El castigo es algo arbitrario e injusto impuesto por el adulto. El niño se siente humillado y dolido y se rebela, interior o exteriormente, ante el castigo. La palabra castigo está cargada de connotaciones negativas.

Las *consecuencias*, sin embargo, no son arbitrarias porque están directamente relacionadas con el mal comportamiento. Si rayo un banco, por ejemplo, lo tengo que pintar, pero no me impiden salir con mis amigos. En este sentido, resulta muy positivo, cuando disciplinamos a un hijo, *aplicar consecuencias, como hace la naturaleza: si camino distraído, ¡me caigo!* Aplicar consecuencias no implica humillar ni sermonear al niño, porque con ello no se pretende que las consecuencias duelan, sino que ayuden al niño a responsabilizarse de su comportamiento.

Cuando pretendemos modificar el comportamiento o el rendimiento de una persona, resulta crucial no centrarse en las debilidades sino en sus capacidades reales o potenciales que posee. Esto exige, por parte del adulto, una mirada compasiva y generosa. La tendencia natural de las personas, tanto con sus hijos como con sus subordinados o compañeros de trabajo, es intentar *arreglar* directamente a través de la confrontación los problemas o los defectos que percibimos en el otro. Con esto no se suele obtener resultados favorables, porque se sentirá agredido y reaccionará, inevitablemente, a la defensiva. Las investigaciones del matemático Marcial Losada y de la psicóloga Bárbara L. Fredrickson revelan que los equipos de trabajo más exitosos mantienen una proporción de cinco interacciones positivas frente a tres negativas. En el caso de las parejas, la proporción, según el psicólogo John Gottman, aumenta hasta cinco positivas por una negativa (las interacciones se refieren a todo tipo de comunicación, verbal o no verbal: palabras, miradas, intenciones, contacto físico...). El estrés no facilita la transformación: tiende a bloquear, psíquica y emocionalmente, a las personas. El estrés debe ocupar un lugar modesto en nuestras relaciones interpersonales: cuando sea imprescindible, los expertos recomiendan que la crítica constructiva se centre en la actitud o la situación concreta, sugiera soluciones y no roce la crítica personal; pero en general ayudaremos más eficazmente a quienes nos rodean mediante el ejemplo, la inspiración y la confianza.

La meta de la disciplina: motivar y responsabilizar al niño

¿Cuál es la finalidad de la disciplina parental? Un objetivo fundamental es conseguir que el control que ejercen los padres sobre los hijos ceda paulatinamente a medida que éstos aprenden a disciplinarse a sí mismos. La disciplina parental, a medio y largo plazo, enseña a los hijos el autocontrol y la tolerancia a la frustración; poco a poco ellos necesitarán menos regulación y disciplina externa para convivir en sociedad. Para ello el niño deberá aprender a responsabilizarse de sus propias acciones, lo que aportará muchos beneficios a nuestros hijos; entre ellos, aprender a no culpabilizar a los demás de todos sus problemas.

Para responsabilizarse el niño ha de poder elegir. La falta de tiempo o de sensibilidad nos impide a veces escuchar y respetar las preferencias de nuestros hijos. Otras veces una preocupación profunda por los niños nos lleva a involucrarnos en exceso, a tomar todas las decisiones por ellos y a asumir toda la responsabilidad de su aprendizaje. Sin embargo, si no permitimos que el niño tome la iniciativa, tampoco se responsabilizará de sus decisiones ni se sentirá motivado. *A menor responsabilidad, menor motivación.*

Siempre que sea posible, conviene ofrecer al niño la posibilidad de decidir para que ejerza el hábito de elección. Observe qué atrae a su hijo, déjelo tomar iniciativas y anímelo a responsabilizarse de sus decisiones. Los expertos recomiendan, por ejemplo, que los padres no asuman la responsabilidad en el caso de los deberes del colegio. Ésta pertenece, claramente, al hijo. Ello no significa que no pueda necesitar y reclamar nuestra ayuda en algún momento, pero por regla general el hijo debe sentirse responsable de sus deberes.

La disciplina —las normas que se imponen a los niños para entrenarlos a vivir en sociedad— debería ejercerse desde el sentimiento generoso de que los niños forman parte de una comunidad global y que necesitan, por tanto, sentirse apoyados por todos los adultos, no sólo por sus padres. Son *nuestros* hijos, no sólo *mi* hijo. Esta visión más amplia ayuda a poner el papel de la disciplina en perspectiva: es un instrumento útil para la resolución más o menos armónica de los inevitables conflictos entre el individuo y la sociedad. Si la sociedad es generosa con el individuo, éste estará más dispuesto a contribuir al bienestar general; si, por el contrario, educamos en valores excesivamente individualistas, confrontando al individuo con su entorno, la disciplina será percibida como una imposición desagradable, una serie de normas que cumplimos a regañadientes porque nos vemos obligados a ello. Es en este sentido en el que Mari Sandoz describe la visión social de los indios *sioux* de Dakota: «... La primera lección que recibe el niño es que en materia de bienestar público el individuo debe subordinarse al grupo. Pero en cambio él siente desde el primer momento que toda la comunidad asume igual responsabilidad hacia él. Dondequiera que se encienda una hoguera él será bienvenido, cada olla tendrá algún sobrante para el muchacho hambriento, cada oído estará atento a recibir sus quejas, sus alegrías, sus ambiciones. Y a medida que su mundo crece encontrará una sociedad que no necesita de candados para defenderse de él ni de papel para guardar su palabra. Es un hombre libre porque ha aprendido a ejercer su propia disciplina. Feliz, porque puede cumplir las responsabilidades que tiene con los demás y consigo mismo, como parte intrínseca y bien adaptada de su comunidad, como miembro de la fraternidad que lo circunda».

Al disciplinar es conveniente no utilizar el lenguaje de amor predominante del niño, para que él no interprete la disciplina como rechazo. La disciplina no debe disminuir la sensación del hijo de ser querido. Si el adulto se siente presa de la ira, es mejor que no intente disciplinar. Ponga límites en privado, sin exponerlo a las burlas o a la mirada de los demás, por respeto hacia él. Si el niño está arrepentido, hay que interrumpir la medida disciplinaria: ya no es necesaria y, además, cuando el hijo experimenta que sus padres lo perdonan, aprende a perdonarse a sí mismo y más adelante a los demás.

A veces hay que ponerse en el lugar del niño y disculparlo cuando las circunstancias son estresantes o difíciles para él. A menudo obligamos a nuestros hijos a vivir sometidos a un ritmo demasiado rápido: tienen que despertarse a una hora muy temprana, posiblemente contraria a sus propios relojes biológicos; deben vestirse y desayunar a toda prisa, obedecer las sirenas del patio del colegio y soportar todo el día la cantinela del «venga, venga», «tengo prisa», «no hay tiempo»... Lógicamente a menudo deben de frustrarse con nuestra vida apresurada. También hay que distinguir entre los casos de mal comportamiento que requieren disciplina y aquellos otros que se dan de forma transitoria en determinadas edades y que pasan por sí solos sin necesidad de intervenir. Ejemplo de ello es el caso del niño de 12 años que discute constantemente con el adulto. Su comportamiento es lógico, porque el preadolescente necesita utilizar y practicar su nueva capacidad verbal y medirse con el adulto. Se trata, dentro del respeto al *contrincante*, de una actitud sana. Otro caso típico es el del niño de 7 años que miente de vez en cuando. Si no se convierte en un hábito, no es grave: dígale claramente en el momento que no le cree. Pudo mentir porque no le gustaba una situación, por miedo o para medir sus fuerzas para comprobar si es capaz de engañar al adulto. Todas ellas son motivaciones normales si se producen de manera ocasional.

LA IRA: RECONOCERLA Y CONTROLARLA

Hace unos años un chico inocente murió en un tiroteo entre traficantes de drogas a las puertas de su colegio de Nueva York. La directora se reunió con sus compañeros y amigos. «¿Cómo os sentís?», les preguntó. «Yo estoy tan enfadado —contestó uno de los chicos— que tengo ganas de quemar todos los coches de la pandilla que mató a Jeff». «Bien, bien —contestó la directora—, pero yo creo que podéis estar aún más enfadados». «Pues yo estoy tan enfadado que iría a sus casas y los echaría de la ciudad», dijo otro chico. «Bien, bien —dijo ella—, pero yo creo que podéis estar aún más enfadados. Podéis estar tan enfadados que decidáis terminar el colegio, ir a la universidad, estudiar derecho y convertiros en los abogados y los jueces que metan en la cárcel a las personas que han matado a Jeff».

La ira o el enfado son reacciones emocionales humanas necesarias y normales. El problema no está en las emociones en sí, sino en la manera en la que las gestionamos. Bien llevados, el enfado o la ira pueden darnos fuerza y motivación para enfrentarnos a situaciones injustas o peligrosas ante las cuales, sin ira, nos inhibiríamos. La ira constructiva es el germen de la justicia social. Pero pocos adultos han aprendido a expresar su enfado o su ira de forma constructiva. Como el enfado y la ira son reacciones emocionales muy corrientes, el manejo inadecuado de estas emociones tiene repercusiones constantes sobre nuestra vida diaria, profesional y familiar.

Una de las razones por las que es difícil expresar la ira de forma constructiva es porque la ira suele existir en el inconsciente, por debajo de nuestro nivel de conciencia, por lo que no controlamos su impacto en nuestra psique.

Otra razón es porque pocos adultos han aprendido a pasar de una forma inmadura a una forma madura de enfrentarse a su ira. En general sólo nos enseñan a *reprimir* la ira y a asociarla con algo incontrolable y peligroso. Cuando estalla, lo hace porque «no aguantamos más» y entramos en una escalada emocional que pone al otro a la defensiva. Esto suele impedir la resolución del conflicto, porque convierte la discusión en una lucha entre pretendidos agresor y agredido (a veces el pretendido «agresor», que tal vez haya soportado en silencio, estoicamente, una situación desagradable, no quería en absoluto convertirse en agresor. Es una situación que se vive como injusta y desagradable y que contribuye aún más a la escalada de emociones negativas).

Ignorar los pequeños problemas no los hará desaparecer: es preferible enfrentarse a ellos en el momento, cuando aún tienen una proporción manejable. La familia es el lugar idóneo, emocionalmente seguro, donde padres e hijos pueden practicar la resolución de los conflictos, el manejo de la ira y la escucha empática. De nuevo el hogar representa un microcosmos donde ensayar y asimilar las herramientas que nos facilitarán una convivencia pacífica con otras personas en el futuro. Cualquier aprendizaje que no se haya concluido satisfactoriamente en la etapa infantil y juvenil representará un lastre personal y social que el adulto tal vez ya no tenga oportunidad de completar. En este sentido, las crisis emocionales se pueden vivir como oportunidades para el aprendizaje emocional y la resolución de los problemas. Estas oportunidades sirven además para crear lazos de lealtad y confianza entre los miembros de la familia. Desde esta perspectiva constructiva podemos enfrentarnos a las crisis emocionales de nuestros hijos como algo mucho más profundo y significativo que la expresión incómoda de las emociones negativas o el reto a la autoridad parental.

Las siguientes pautas para el manejo de la ira están basadas en las sugerencias de dos especialistas en manejo de la ira infantil y adulta, Gary Chapman y el psiquiatra Ross Campbell, que aseguran que el aprendizaje del manejo de la ira es uno de los mayores retos y logros en la educación de un niño porque gran parte de los problemas que pueda tener a lo largo de su vida estará condicionada por esta habilidad.

LA IRA PASIVO-AGRESIVA

La ira pasivo-agresiva es una expresión específica de la ira que se vuelca hacia un grupo o hacia una persona de forma indirecta o a través de omisiones. Se genera ante la acumulación de la ira y el resentimiento que una persona no ha sido capaz de procesar o de expresar conscientemente. La persona que siente ira pasivo-agresiva muestra una resistencia inconsciente hacia determinadas figuras de autoridad. Reconocemos el perfil de la ira pasivo-agresiva cuando detectamos que el comportamiento de una persona no tiene lógica; por ejemplo, cuando un niño inteligente saca malas notas continuamente. La finalidad de este tipo de ira no es la resolución de un problema, sino la resistencia sorda a la figura de autoridad contra la que vuelca su ira; por tanto, nada de lo que ésta haga o diga podrá enmendar el comportamiento de la persona que padece ira pasivo-agresiva, aun cuando dicho comportamiento comprometa sus posibilidades de felicidad o de éxito. Su ira soterrada e inconsciente es más poderosa que su sentido común y le obliga a ir por caminos posiblemente nefastos.

Hasta los 6 o 7 años hay que evitar que se asienten patrones de ira pasivo-agresiva en los niños; para ello, es preciso que los niños se sientan seguros del afecto de sus padres, que sean tratados con justicia y puedan expresar sus emociones con naturalidad. Durante la adolescencia, entre los 13 y los 15 años, la expresión de la ira pasivo-agresiva es normal siempre y cuando no cause daños a otras personas. Es en esta etapa, sin embargo, cuando los padres han de entrenar a sus hijos para que aprendan a expresar y a manejar su ira de forma consciente. Si no lo hacen, es previsible que estos adolescentes trasladen su manejo defensivo de la ira a los ámbitos de su futura vida adulta, lo que implicaría problemas posteriores con su pareja, sus hijos, sus jefes y su círculo social. Este el caso de muchos adultos que jamás aprendieron a manejar su ira de una forma adecuada.

La expresión negativa de este tipo de ira podría haberse evitado si hubiese aflorado de forma consciente. Para ello, es necesario que los padres admitan que los hijos necesitan expresar su ira a través de dos cauces: la palabra o el comportamiento. Aunque muchos padres lo preferirían, no podemos pedir a los hijos que repriman su ira. Podemos entrenarlos, sin embargo, para que la expresen de una forma constructiva. La palabra es probablemente el cauce de expresión de la ira más fácil de utilizar. Los padres también deben aceptar que, si vuelcan ira sobre sus hijos de forma indiscriminada, éstos no podrán defenderse y acumularán el resentimiento y el rencor que da lugar posteriormente a los patrones de ira pasivo-agresiva. El primer paso, si queremos entrenar a nuestros hijos en el manejo maduro de la ira, es aprender a comprender y a expresar de forma sana nuestra propia ira.

Existen pautas que ayudan a crear un contexto seguro para la resolución de la ira y de los conflictos. Los padres deben evitar el sarcasmo, el desprecio o los comentarios despectivos ante la ira de sus hijos. Cuando entrene a su hijo en el manejo de la ira, escúchelo atentamente para que él se sienta respetado. Valore al niño si cree que ha desarrollado alguna respuesta positiva hacia la ira, es decir, si ha podido ejercer algún control sobre sí. Tampoco se debe entrar en ninguna contienda desde un punto de vista de ganadores y perdedores: los conflictos emocionales no son batallas que desembocan en victorias o derrotas. Cuando un miembro de la familia, niño o adulto, se equivoca, es importante pedir disculpas. Es un ejemplo positivo para que los hijos aprendan a reconocer los sentimientos de arrepentimiento y culpa (desde los 4 años un niño puede comprender el concepto de «lo siento»).

El doctor Campbell aconseja que los padres visualicen una escalera que arranca en el estadio en el que el niño da rienda suelta a su ira de la peor forma posible: a través del abuso verbal o físico indiscriminado, sin lograr distinguir la causa principal de la ira, sin capacidad de razonamiento lógico y sin deseo de resolución del problema. El objetivo de este entrenamiento es ir subiendo escalones lentamente hasta conseguir el manejo de la ira. Los adolescentes deberían haber alcanzado el estadio de madurez en torno a los 17 años. La gestión positiva de la ira implica expresarse con la mayor educación posible, enfocar la ira hacia su causa original, evitar dispersar la ira hacia otros asuntos no relacionados con la causa inicial, mostrar el deseo consciente de resolver el conflicto y aplicar sentido común y lógica al razonamiento empleado para ello.

GUIAR A UN HIJO A TRAVÉS DE LA TRISTEZA

Muchos padres creen, con la mejor intención, que será beneficioso para sus hijos hacer caso omiso, o minimizar, las dudas, miedos y disgustos que éstos puedan tener. El problema es que el niño se acostumbra a pensar que el adulto tiene razón y aprende a dudar de su propio juicio. Si los adultos invalidan constantemente sus sentimientos, el niño pierde confianza en sí mismo y en sus sentimientos.

Las emociones mixtas, por ejemplo, pueden descolocar a los niños: no terminan de comprender por qué un evento les puede generar emociones contradictorias. Por ejemplo, un niño que va de campamento por primera vez puede sentirse orgulloso de su independencia, y a la vez echar de menos su casa. Los padres pueden ayudar al niño a comprender que es normal sentir dos emociones contradictorias a la vez.

El psicólogo John Gottman aconseja que el padre o la madre acepten la tristeza de su hijo, le ayuden a dar nombre a la emoción, le permitan experimentar esta emoción sin censura y acompañen al niño mientras sufre. Sin embargo, el adulto debe saber poner límites (es lo que los padres no intervencionistas no saben hacer). Para ello, el adulto empleará el tiempo necesario para comprender los sentimientos del niño. Una vez que el niño ha identificado, experimentado y aceptado la emoción, el adulto puede enseñarle a superar su tristeza y a pensar en el día siguiente. Para ello, el adulto y el niño explorarán juntos estrategias para resolver el problema (el adulto no impone sus propias soluciones, sino que guía al niño para que pueda aprender a encontrar las suyas).

En resumen, los cinco pasos que recomienda el doctor Gottman para guiar a un hijo para resolver una crisis emocional son:

1. Ser consciente de las emociones del niño.

2. Ver la emoción como una oportunidad para la intimidad y el aprendizaje.

3. Escuchar con empatía, validando los sentimientos del niño.

4. Ayudarlo a encontrar las palabras que definen su emoción o sentimiento.

5. Poner límites a la emoción, mientras se exploran conjuntamente las estrategias para resolver el problema.

LA ESCUCHA ACTIVA

Para la convivencia pacífica entre personas, una de las herramientas más eficaces y sencillas de aplicar es aprender a escuchar. Cometemos errores básicos cuando escuchamos mal a los demás, lo que nos impide casi con toda seguridad resolver el conflicto o, peor aún, crea una escalada del conflicto que podía haberse evitado aplicando algunas pautas básicas, contenidas en la llamada «escucha activa», término acuñado por el psicólogo Carl Rogers.

La *escucha activa* está basada en la empatía y el respeto. No hace falta que exista un conflicto para utilizar este tipo de escucha. Sólo pretendemos transmitir al otro empatía y respeto y darle la oportunidad de expresar su postura o sus sentimientos con tranquilidad.

Para escuchar de manera atenta a otra persona nuestro lenguaje corporal ha de ser cercano: mantenemos una distancia prudente, nuestra mirada está relajada y nuestro silencio es atento. Al final de la escucha es importante *devolver objetivamente* lo que hemos escuchado, tanto los sentimientos de la persona como su motivo objetivo de queja: «Entiendo que me estás diciendo que estás dolido porque últimamente ya no voy al parque contigo y viajo demasiado». Reflejamos, pues, de forma condensada tanto el contenido objetivo como las emociones que expresa nuestro interlocutor (en este caso está dolido porque no le dedicamos el tiempo al que lo teníamos acostumbrado). Si tenemos dudas, o si al otro le está costando expresarse, podemos hacer preguntas abiertas (es decir, aquellas que no implican una respuesta de tipo «si o no»): «¿Cómo te sientes cuando me voy de viaje?».

Lo más importante en la resolución de cualquier conflicto es exponer con claridad lo que realmente ha causado el conflicto para delimitarlo y centrarse en ello. Si nuestro interlocutor se siente escuchado, también se sentirá cómodo y respetado. Su integridad emocional no se verá directamente amenazada. Si hay un conflicto, éste no escalará de forma tan fácil hacia la agresión, activa o pasiva.

Si reflejamos objetiva y exclusivamente el tema tratado, los sentimientos implicados y los valores que son importantes para nuestro interlocutor, éste se sentirá escuchado de forma constructiva. Estaremos marcando una lista de prioridades en la que podemos empezar a trabajar de forma conjunta.

Si nos fijamos, en cambio, como puede ocurrir fácilmente durante una discusión, en las «amenazas» del interlocutor —aquello que dice fruto de la frustración, pero que en realidad no pertenece a la causa primera de su ira— nos perderemos en cuestiones que no son las principales y que no ayudan a resolver el problema, sino que lo escalan y nos alejan de su resolución pacífica.

IV

El camino hacia la madurez

«Debo volver al mar, al solitario mar y al cielo,
Y sólo pido un buen barco y una estrella para guiarlo,
Y la fuerza del timón, el canto del viento y la vela
[blanca resoplando,
Y una niebla gris en la faz de la mar y el gris
[amanecer despuntando.»

JOHN MASEFIELD, *Fiebre marina*

Durante la infancia aprendemos a convivir con nuestras emociones. Si hemos recibido una buena educación emocional, sabremos distinguirlas y aceptarlas; de lo contrario, habremos aprendido a reprimirlas y a desautorizarlas. Durante la adolescencia, empezamos a convivir con nuestras emociones en un contexto más amplio. No estamos ya exclusivamente limitados al ámbito controlado y seguro del hogar y de la escuela, y no podremos, por tanto, proyectar nuestras emociones sólo sobre nuestros padres y maestros. Irrumpimos con ellas al mundo exterior, un mundo emocionante para el adolescente pero que, al mismo tiempo, lo hace sentirse tremendamente vulnerable porque aquí ya no existen las redes de seguridad del hogar. Surgen las primeras inundaciones emocionales —sobrecargas de emoción que impiden funcionar y pensar efectivamente— y los jóvenes todavía no están entrenados en el uso de las herramientas que sirven para enfrentarse a ellas.

Las emociones están ligadas al comportamiento. Sin embargo, pocos jóvenes hoy en día reconocen esta dependencia explícita entre sus emociones y su comportamiento. Existe una diferencia abismal entre el joven cuyo comportamiento es fruto de una reacción emocional ciega, y aquel que es capaz de reconocer y gestionar, aunque sea de forma vacilante, sus reacciones emocionales para modular su comportamiento de acuerdo a un equilibrio de intereses personales y sociales.

Las investigaciones desvelan que los niños que han desarrollado su inteligencia emocional a lo largo de la infancia tienen más probabilidades de sentir que el mundo que les rodea es amable. Esto se contrapone a la tendencia actual de algunos jóvenes, que reaccionan ante el mundo exterior de forma cada vez más agresiva y desconfiada porque lo perciben como violento. Algunos adolescentes se sienten tan aislados que abandonan la búsqueda de las relaciones humanas. Se encierran en sí mismos, solitarios y desconfiados, con sentimientos de desesperanza o de agresividad incontenible. Son huérfanos psicológicos. Aunque este extremo pueda darse sólo de forma minoritaria en determinados países y capas sociales, su multiplicación en continentes como África, donde millones de niños son huérfanos a causa del sida, las hambrunas y las guerras, tiene implicaciones emocionales tremendas por el sufrimiento y el abandono que generan y el gravísimo factor de desestabilización social.

Conectar al adolescente con el mundo

El reto que se plantea un educador, padre, madre o maestro, a medio plazo, es dar alas al sentimiento de autonomía y de ser único que tiene el adolescente, en un contexto de pertenencia y de unión a un grupo más amplio. La escritora Rachel Kessler asegura en el libro *Schools with Spirit* que los jóvenes que desarrollan un sentido de conexión y de pertenencia al mundo no necesitan provocar sensaciones y situaciones de peligro para sentirse vivos ni necesitan armas para sentirse poderosos: «... del sentido de conexión con el mundo externo fluye naturalmente la compasión y la empatía hacia los demás, hacia las metas personales y hacia la vida misma». Kessler, directora del Institute for Social and Emocional Learning, sugiere, a partir de su amplia experiencia en el desarrollo emocional y social de los adolescentes, hasta siete formas de conexión entre los jóvenes y el mundo exterior, paralelas a las experiencias que suelen ser comunes en esta etapa de la vida:

— Ayudarles en la búsqueda del significado y del sentido de la existencia (explorar las cuestiones existenciales que surgen con gran fuerza en la adolescencia).

— Respetar la necesidad de silencio y soledad que favorece la formación de la identidad y la identificación de las metas personales. (Éste es un terreno ambivalente para los jóvenes, porque, aunque la soledad resulta muy necesaria, también despierta muchos miedos.)

— Reconocer su deseo de trascendencia; es decir, el deseo de los jóvenes de ir más allá de sus límites, no sólo en el ámbito metafísico, sino también a través de experiencias y encuentros intensos en campos diversos, como las artes, el atletismo, la naturaleza, el mundo académico, la naturaleza o las relaciones humanas.

— Nutrir su deseo de experimentar alegría y felicidad.

— Animar sus incursiones en el terreno creativo (probablemente éste sea el ámbito más habitual para la conexión entre el adolescente y el mundo exterior).

— Promover los hitos que marcan de forma clara una etapa, como los ritos de paso y las herramientas para hacer transiciones y separaciones, para ayudarles a descubrir y ejercer sus propias capacidades.

— Alimentar su necesidad de pertenencia y conexión: darles la seguridad de que su entorno les conoce y apoya, ayudarles a desarrollar su identidad personal y favorecer su autonomía, que es una constante vital en el desarrollo del adolescente.

Recientemente, a la luz de las técnicas de neuroimagen cerebrales, ha surgido una gran controversia en torno a si las diferencias en la forma de llevar a cabo ciertas actividades están causadas por un cerebro inmaduro que aboca al adolescente a un comportamiento errático.

Sin embargo, el motivo de estos problemas no radica exclusivamente en la inmadurez cerebral del adolescente: diversas investigaciones revelan que la rebeldía adolescente también puede estar relacionada con factores culturales. Reafirma esta teoría el hecho de que antropólogos hayan constatado que los problemas de comportamiento de los adolescentes occidentales no se manifiestan habitualmente en otras culturas distintas, excepto en aquellos casos en los que se introducen formas de educar y de vivir occidentales.

En cualquier caso, los adolescentes tienen un potencial mental extraordinario: a los 14 años las habilidades cognitivas, y especialmente la capacidad de aprender con rapidez, son altísimas. Merece la pena alentar a los adolescentes a utilizarlas de forma constructiva. Resulta dudoso si estamos consiguiendo sacar el mejor partido de este potencial manteniendo al adolescente atrapado en una subcultura adolescente donde casi todo lo aprenden unos de otros, aislados de los adultos, tratados como niños en lo que concierne a sus responsabilidades sociales y como adultos inmaduros en lo emocional.

Los adolescentes invierten muchísima energía cognitiva, emocional y física en el desarrollo de esta subcultura adolescente. Según el pedagogo Chip Wood, la esencia de esta corriente adolescente se resume en una necesidad de «tomar distancia de los adultos». Todo en la vida de los adolescentes tiende a mostrar este espejo en el que se quieren reflejar: su habitación, su forma de vestirse y de peinarse, su música y su forma de expresarse, en casa y en la calle. Este espejo no suele resultar del agrado de los adultos pero atrae a otros adolescentes. El psicólogo Erik Erikson apuntó en la década de 1960 que los adolescentes parecen estar más preocupados por cómo los perciben los demás que por cómo sienten ellos que son en realidad. Su identidad personal, que tanto les preocupa, se define, a los 14 años, por un lema claro: «Esto es lo que somos». Los adolescentes se reflejan en la imagen del grupo y a través de ella logran comprenderse y aceptarse mejor a sí mismos.

En esta etapa temprana de la adolescencia (en torno a los 14 y los 15 años) los adolescentes empiezan a necesitar distanciarse de sus padres y de sus maestros. El reto a cualquier figura de autoridad se vuelve visceral: se discute por discutir porque quieren hacer las cosas a su manera, estar solos, ser libres. Este comportamiento no sólo es necesario para establecer una identidad personal, sino que refleja lo que Erikson apunta como uno de los retos más importantes de la adolescencia: la búsqueda de la *lealtad*. Con este término describe la «devoción disciplinada» que siente el adolescente hacia su emergente identidad personal, hacia los amigos o las personas de su entorno, hacia ideas o modas pasajeras. En cualquier ámbito el adolescente mostrará señales de devoción intensa a: una pandilla, un ídolo, la pereza, un instrumento musical, el *body piercing*, un deporte, drogas... Todo es motivo de experimentación para convertirse en el futuro en miembro adulto y dedicado a una pareja, a un país o a cualquier ideal que conforme su vida futura.

El correcto desarrollo de esta *lealtad* depende no sólo del adolescente, sino también de las costumbres sociales y culturales, de los ritos de pasaje —por cierto lamentablemente escasos en la adolescencia—, de la herencia genética y del ejemplo familiar que lo rodea. Todo ello le ayudará, o le dificultará, el proceso de entrega disciplinada hacia sí mismo y hacia los demás. En los años adolescentes, la introspección es importante para construir la identidad y el lugar que el adolescente quiere ocupar en el mundo. Es labor de los padres facilitar esta introspección: el respeto a un espacio físico personal y a la soledad del adolescente lo ayudará a llevar a cabo su proceso de desarrollo característico.

A veces escuchar a un adolescente huidizo requiere unas especiales habilidades. El escritor Michael Riera explica con esta imagen el desconcierto de los padres: «Hasta ahora, los padres han sido el mánager de sus hijos: visitas al médico, actividades de fin de semana, ayudar con los deberes..., siempre cerca del niño, al tanto de su vida diaria y listos para resolver sus grandes dudas. De repente, nada de esto sirve. Sin previa notificación y sin consenso, te despide de tu trabajo de manager. Ahora resulta que tienes que buscar otra estrategia y reorganizarte; si quieres seguir teniendo una influencia beneficiosa en la vida del adolescente y en las etapas posteriores, tienes que devanarte los sesos para conseguir que te vuelva a dar trabajo como consultor externo». Como comenta el psicólogo John Gottman, ésta puede ser una situación muy delicada. «Un cliente no contrata un consultor que lo hace sentir incompetente o que amenaza con quedarse con su negocio. Un cliente quiere un consultor en el que pueda confiar, que comprenda su función y que le ofrezca consejos eficientes para conseguir sus metas».

Casi todo el proceso de descubrimiento del adolescente se desarrollará sin sus padres. Hay que aceptar que la adolescencia es un tiempo para separarse de los padres, mostrar respeto por el adolescente, rodearlo de una comunidad social estable y fiable y animarlo a tomar sus propias decisiones, escuchándolo sin juzgarlo y confiando en que podrá aprender de sus errores y de sus aciertos.

Las emociones que los adolescentes expresan contienen tanto la necesidad de alejarse de los modelos adultos como el deseo profundo de seguir conectados: todo ello forma parte de la lucha por la lealtad. Afortunadamente, si el proceso se lleva a cabo de forma positiva, esta lealtad a los referentes adultos aparecerá de nuevo en la futura relación entre el adulto y el adolescente ya maduro.

FUENTES DE CONEXIÓN CON EL MUNDO:
COMUNIDAD, ARTE, NATURALEZA Y DEPORTE

Los sábados por la mañana voy a la piscina. El deporte no es mi fuerte, pero buceo en un mar misterioso, lleno de peces extraños y grutas salvajes y salgo nuevo. Creo que existe una diferencia clara entre la ensoñación y el deseo frustrante. Cuando la filosofía aconseja renunciar a los deseos, no explica las razones. A los filósofos habría que bajarles de las nubes y obligarles a encontrar herramientas útiles para las personas reales. ¿Por qué no nos enseñan casi nada que importe? (Sergio, 19 años).

Lejos de las estructuras del hogar y del colegio, muchos adolescentes, si se les diera la oportunidad, experimentarían por primera vez un sentido de identidad, de poder y de descubrimiento de talentos dormidos o sin desarrollar. Cada reto es una oportunidad para crecer y los retos para convertirse en un miembro de la comunidad adulta abundan en la sociedad, en el mundo natural, en el deporte y en las artes. Estas actividades son ideales para que los adolescentes puedan sentir la vida desde dentro, no como meros espectadores pasivos. El escritor David Orr describe esta unión de lo físico, lo mental y lo emocional como *embodied knowing* (conocimiento instintivo), algo más parecido al instinto y a la intuición que a la comprensión intelectual. Este estado más auténtico impulsa al adolescente a dar lo mejor de sí mismo.

Para los seres humanos de cualquier edad, resulta muy útil haber aprendido a enfrentarse al miedo a «no saber», a «no tener talento». En muchos países europeos se otorga una admiración social exagerada hacia la excelencia en la práctica de cualquier disciplina, particularmente en las artes y los deportes. Pero debido a ello se desprecia la aportación de todo el que no es un artista o un deportista «tocado por la inspiración». El arte y el deporte no sólo sirven para alimentar una tradición de excelencia y de retos superados. Son también, y tal vez por encima de todo, potentes medios de comunicación e instrumentos de cohesión social. Si no formamos artistas y deportistas aficionados, tampoco tendremos espectadores informados. La sociedad pierde así una gran fuente de riqueza cultural, de expresión y de superación personal, de comunicación y de cohesión social.

En las sociedades mediterráneas, gregarias por excelencia, suele ponerse casi todo el énfasis de la vida del adolescente en el desarrollo de las relaciones sociales. Se dificulta así otras formas de expresión y de experiencias vitales, como el desarrollo de aficiones, los trabajos sociales en la comunidad o poder compartir experiencias con personas que están en entornos sociales y edades distintas a la del adolescente. Las cifras de alcoholismo adolescente en España, los deficientes resultados académicos y los problemas de violencia muestran la necesidad de un replanteamiento urgente y profundo del ocio y de las posibilidades de desarrollo social y emocional que tienen nuestros adolescentes.

COMUNIDAD Y ESCUELA

La escuela es la estructura donde la sociedad plantea sus demandas al adolescente. Cómo está organizada y cómo plasma estas demandas resulta de vital importancia para el desarrollo sano de los jóvenes. Los adultos, recomienda el pedagogo Chip Wood, deben comprender que los adolescentes necesitan libertad para poder cuestionar esta estructura. Los adultos deben entablar comunicación con los adolescentes desde un talante negociador, para que éstos puedan desarrollar «entrega disciplinada» tanto hacia sus deberes como hacia los adultos que los tratan con respeto.

En el caso de las tareas del hogar, es importante que el adolescente no las considere un castigo o un trabajo menor, porque entonces sólo mostrarían rebelión y resistencia y no desarrollarían la capacidad de entrega disciplinada (y a medio plazo tampoco aprenderían a trasladar esta devoción a sus obligaciones futuras). Una forma eficaz de enfrentarse a las tareas con un adolescente rebelde es la negociación, motivándolo a que haga sus obligaciones lo mejor que sepa. Poco a poco se pide al adolescente un mayor esfuerzo, que se puede reflejar, por ejemplo, en un gráfico. Este modelo de esfuerzo paulatino y consensuado puede repetirse en todos los ámbitos necesarios: deportes, labores del hogar, servicio a la comunidad, horas de regreso a casa... Cada encuentro del adolescente con una figura adulta solícita y respetuosa puede ser motivo de una interacción constructiva.

Tanto en casa como en la escuela es necesario crear espacios donde el adolescente se sienta escuchado para que su lealtad pueda emerger. Escuchar al adolescente, recalca Chip Wood, no significa ceder siempre, sino respetar y compartir con él su experiencia y hacerle sentir que comparte con los adultos espacios donde es bienvenido y aceptado.

De nuevo, la empatía resulta clave para ayudar a los adolescentes a corregir comportamientos negativos. Existen formas sencillas de desarrollar la empatía en un contexto académico, como explica por ejemplo Amy Corvino, una profesora de alumnos de 14 años en una escuela de Bethesda. «¿Qué situaciones podrían estresar a Romeo?», pregunta. Llueven respuestas desde todos los rincones de la clase: «Julieta se pelea con sus padres». «Su padre amenaza con renegar de ella si no se casa con Paris». «Sus familias están enemistadas». «Se casan». «A Romeo lo destierran». «La doncella de Julieta la traiciona». «Viven en el caos». «La muerte de su primo Tebaldo». «Muere Mercurio, que era el mejor amigo de Romeo».

Las peleas con los padres, el matrimonio y las relaciones íntimas, la muerte de familiares y amigos: todos son temas de gran repercusión en estrés de los adolescentes según Kathy Beland, directora de School-Connect, un programa que incorpora la enseñanza de competencias socioemocionales a contenidos curriculares en Estados Unidos.

Los alumnos de Amy Corvino han completado el cuestionario individualmente el día anterior, aprendiendo así cómo el estrés acumulado puede afectar su salud física y emocional. Ahora aplican el cuestionario al protagonista de una obra de Shakespeare y descubren los paralelismos que hay entre sus vidas y la de Romeo. Aprovechan además para discutir y comparar en clase preguntas como «¿Qué cosas te hacen sentir feliz?» y «¿Qué te produce una satisfacción profunda?». Reconocer las diferencias entre estas experiencias emocionales les permite comprender que las cosas que les hacen felices son experiencias placenteras pasajeras, como salir con los amigos o ver una buena película, y que las que provocan una satisfacción profunda suelen implicar un trabajo intenso o una experiencia transformadora.

En el ámbito del amor, diferenciar entre las relaciones que aportan un placer pasajero y aquellas que nos transforman resulta muy útil para comprender las relaciones interpersonales y saber qué queremos en cada momento. «¿Qué pasa con Romeo? ¿Está persiguiendo experiencias y emociones placenteras con sus amigos y sus amoríos —primero Rosalía y después Julieta—, o sus sentimientos son más profundos?». Enamorarse sin instrumentalizar a los demás será una de los muchos temas que los alumnos de esta clase discutirán a raíz de la lectura de esta obra.

El estudio de una obra literaria en un contexto escolar constituye una excelente plataforma para analizar la experiencia personal de los alumnos y enriquecerla. Asimismo, puede ayudar a reconocer, desarrollar y gestionar emociones. Por último, favorece la búsqueda de soluciones creativas para enfrentarse a los cambios y a las incertidumbres de la vida diaria.

ENCONTRAR UN LUGAR EN EL ECOSISTEMA
HUMANO Y NATURAL

Relata la bióloga marina Laura Parker Roerden, directora de Ocean Matters —un programa que organiza campamentos de buceo para adolescentes en los arrecifes de coral en las islas Caimán—, la transformación que suelen experimentar para los adolescentes el contacto intenso con la naturaleza. «Cada vez que intentamos analizar un elemento aislado, nos damos cuenta de la interdependencia del mundo natural». A medida que pasan los días, los adolescentes empiezan a ver el arrecife como una gigantesca orquesta donde cada miembro tiene un papel fundamental y, al mismo tiempo, complementario. Ello les ayuda a comprender qué significa la interdependencia de los miembros del grupo humano. El grupo humano es un ecosistema donde cada miembro es válido y tiene algo que aportar. Las acciones individuales afectan al conjunto y la diversidad estabiliza el sistema.

La ecología y la visión orgánica de la tierra ayudan a los adolescentes a verse a sí mismos en relación con los demás, a limar diferencias y resolver problemas, a escuchar atentamente, a comunicarse con respeto y a valorar la diversidad. Para los adolescentes, el sentido de pertenencia que toman del mundo natural es un refugio necesario ante la responsabilidad inminente que cae sobre ellos a consecuencia de su intenso proceso de autonomía personal.

Los estudiantes pueden desarrollar una relación constructiva con la naturaleza en el jardín de su casa o en el patio de la escuela. De hecho, los expertos apuntan que es casi preferible ayudarles a conectarse con su propio entorno que con entornos exóticos con los que no se identificarán a medio plazo. En un contexto urbano, el estudio de un grupo de árboles en el parque del barrio o de las estrellas y la luna se puede adaptar a la edad y al conocimiento de los estudiantes.

El propósito es que los alumnos lleguen a conocer un lugar natural no sólo desde el intelecto, sino también desde la experiencia. La escritora y pedagoga Rachel Carson escribió que para un niño «saber no es ni la mitad de importante que sentir. Si los datos objetivos son las semillas que más tarde producirán conocimientos y saber, las emociones y las impresiones, en cambio, son el suelo fértil en los que crecen las semillas». Las presiones para cumplir determinados criterios académicos suelen ignorar esta necesidad del niño. En las primeras horas de acercamiento a la naturaleza conviene centrarse sobre todo en la experiencia emocional del niño. Para ello, hay que evitar cargar la vivencia de contenidos académicos, soltar conceptos y dejar espacio para que el niño pueda expresar sus sentimientos y saber que el adulto los escucha con respeto.

En este sentido, Laura Parker apunta que la relación con el mundo natural se parece a cualquier buena relación: necesita tiempo para desarrollarse en el respeto mutuo y en la intimidad.

La superación personal a través del arte y del deporte

Por medio del arte y los deportes podemos desarrollar un autoconocimiento interior y dar un cauce de expresión a algunas de las necesidades humanas intrínsecas más importantes. El psiquiatra norteamericano William Glasser desarrolló una interesante teoría del comportamiento, conocida como *teoría de la elección*, que afirma que los seres humanos tienen necesidades, codificadas en la estructura genética, que condicionan su comportamiento: éstas son la necesidad de supervivencia, el amor y la pertenencia, el poder y el reconocimiento, y, por último, la libertad y la diversión. Poder, pertenencia, libertad y juego conforman un marco de referencia que puede resultar útil para observar ciertas pautas del desarrollo infantil.

Muchos niños, debido al entorno en el que crecen, no consiguen satisfacer estas necesidades de forma natural, y las artes y el deporte les ayudan a ello.

El arte separa al creador de su creación, lo que puede facilitar el aprendizaje emocional en un contexto seguro, incluso metafórico. También permite la creación de plataformas para discutir en grupo temas controvertidos, porque el metalenguaje artístico y el espíritu de diversión permiten que se relaje él y se abran las barreras defensivas emocionales y verbales. De esta forma, las personas podrán abordar más fácilmente la resolución de problemas o de debates controvertidos.

Para los niños más pequeños el juego es una manera de crear un espacio seguro para comprender el mundo. El arte y el deporte tienen un nexo de unión con el juego: se parecen al juego y dependen de la imaginación. Son herramientas de comunicación emocional y expresiones naturales del espíritu creativo y del lado mágico de la vida, porque sobrepasan las limitaciones del mundo diario.

A Zephryn Conte, una pedagoga americana especializada en el campo del arte y de la responsabilidad social, la experiencia con sus estudiantes le recuerda constantemente que todos albergamos un espíritu creativo aunque a muchos nos hayan despojado de él a medida que nos acercamos a la edad adulta, a través de la educación formal. Al margen de nuestro talento objetivo, todos somos capaces de disfrutar del proceso creativo y de desarrollar, fortalecer y expresar las habilidades del pensamiento creativo: resolución de problemas, introspección, sentido de la perspectiva, empatía, resiliencia, comunicación eficiente, trabajo en equipo y afrontamiento de riesgos.

Si aprendemos a pintar a cualquier edad no desarrollaremos una habilidad más, sino que también superaremos el complejo y el miedo a «no saber», a «no ser capaces». Permite además observar el mundo que nos rodea con una mirada fresca. Por ejemplo: cuando decimos la palabra «caballo», de forma inmediata aparece la imagen mental de un caballo en nuestra mente. Vemos un arquetipo de caballo que hemos almacenado en nuestra cabeza. A menudo perdemos la capacidad de mirar lo que de verdad nos rodea. En un experimento llevado a cabo con un grupo de niños españoles e ingleses, se les pidió que pintasen un paisaje que tenían delante de los ojos. El resultado fue que, fuese cual fuese el color real del cielo en ese paisaje, los niños ingleses lo pintaban gris y los niños españoles, azul.

Desarrollar una relación directa y real con el mundo ayuda a no vivir encerrados en las representaciones mentales de nuestro cerebro. En este sentido, los videojuegos y artilugios gráficos no pueden reemplazar otras formas de ocio porque tratan al niño como espectador pasivo, mientras que aprender a dibujar, por ejemplo, significa aprender a mirar sin prejuicios.

La práctica disciplinada de las artes y del deporte enseña al niño otra lección magistral: a medida que aprende a dominar una técnica a través de su esfuerzo, comprueba por sí mismo que el esfuerzo y la disciplina producen resultados notables. Este conocimiento, que sólo se adquiere «con las manos en la masa», podrá trasladarlo a cualquier ámbito de la vida.

A medida que los adolescentes aprendan a ser menos dependientes de su hogar emocionalmente, serán cada vez más importantes para ellos las conexiones creadas con el mundo exterior y las amistades. Durante la adolescencia la presión de los compañeros de clase puede ser muy fuerte. Los que tengan una autoestima sólida y cauces de expresión y exploración diversos serán capaces de resistir mejor las presiones sociales de sus compañeros.

En general, los preadolescentes, en especial aquellos entre los 10 y los 14 años, desarrollan la capacidad de reprimir o esconder sus emociones para estar menos expuestos al entorno. Es una reacción normal y necesaria en esta etapa de socialización grupal intensa en la que las emociones nos hacen muy vulnerables a los demás. El problema aparece si los adolescentes confunden emoción con debilidad. Si no las distingue le resultará difícil llegar a la edad adulta con una gestión emocional adecuada y tenderá a anular o a moderar la expresión más emocional y sincera de su ser.

Para ayudar a los niños y a los adolescentes a comprender sus emociones y a reconocerlas, es crucial establecer momentos para el diálogo: para los más pequeños, a la hora del cuento, podemos hacer una pausa para hablar con el niño acerca de las emociones de los personajes del cuento y, paralelamente, para recordar alguna situación en la que él o ella haya sentido emociones similares y sus reacciones ante éstas. Cuando los hijos llegan a la adolescencia los padres deben seguir expresando su afecto de forma positiva y clara, aunque también con tacto, en los lugares y momentos adecuados. Conversaciones privadas en el coche, en casa, durante una excursión o en cualquier lugar suficientemente tranquilo mostrarán al adolescente que sus padres quieren conocer sus preocupaciones y que su deseo de comunicación es sincero, es decir, que no está motivado por el afán de controlar al adolescente. Con una comunicación sincera podemos ayudar a nuestros hijos a asomarse al complejo escenario de las emociones de los otros, donde pasarán el resto de sus vidas.

V

Las emociones de los demás

> «La individualidad no es un fin en sí mismo; es algo
> que da fruto a través del contacto con el mundo,
> y en ese proceso sale de su aislamiento. Si mantenemos
> nuestra individualidad en una urna de cristal,
> se marchita. Se enriquece en cambio cuando fluye
> libremente a través del contacto humano.
> Los tres grandes ejes que fertilizan el contacto
> entre el individuo y el resto del mundo son el amor,
> los hijos y el trabajo».

BERTRAND RUSSELL, *Matrimonio y moral*

Cuando mi hija Alexia tenía meses ya era la viva imagen del deseo contradictorio de los humanos de formar parte de la vida de quienes nos rodean y simultáneamente de la ansiedad que provoca este contacto. Cuando íbamos a la playa, Alex se alejaba de mí para acercarse con cautela al grupo de desconocidos más cercano, sobre todo si entre ellos había un niño de su edad. Se detenía a un par de metros de los desconocidos y se quedaba allí inmóvil, contemplándoles silenciosa. Ella, que era en general muy activa y ruidosa, parecía en esos momentos presa de un embrujo extraño. No podía apartarse de los desconocidos, pero tampoco se sentía capaz de acercarse. A veces ellos se percataban de su presencia y entonces le sonreían o agitaban un juguete para animarla a acercarse. Pero Alexia sólo miraba, en actitud de larga y tensa espera, expresando claramente el deseo inalcanzable pero intenso de formar parte de aquel grupo humano. Ella misma se negaba a satisfacer aquella necesidad de afecto y de reconocimiento: su timidez o su recelo conseguían frustrar su deseo de trabar amistad. Seguía allí, presa del hechizo, hasta que yo la rescataba. Mientras nos alejábamos de los desconocidos, Alexia seguía con la mirada fija y concentrada clavada en el grupo. Yo sentía no poder ayudarla a comunicarse, pero intuía que tanto su atracción por los demás como su resistencia a entregarse eran instintivas, y que parte del proceso educativo implicaba ayudarla a distinguir y consolidar ambas necesidades para que llegase a convivir con ellas de forma armoniosa, y le pudieran servir para satisfacer sus necesidades reales.

EL MIEDO A COMUNICARNOS EMOCIONALMENTE CON LOS DEMÁS

A menudo me he preguntado por qué los seres humanos solemos encerrarnos en una soledad hermética que tanto dificulta el contacto con los demás. Es una soledad compacta, trenzada con mimbres diversos que se entrelazan hasta formar una coraza resistente que nos aísla del mundo exterior. Los mimbres engordan con el paso de los años pero desde muy pronto ya están allí, supuestamente para protegernos de los demás. Desde que nacemos nos convencen de que somos muy diferentes de quienes nos rodean, desde la infancia nos enseñan a desconfiar de nuestros sentimientos porque supuestamente son irracionales y, por tanto, potencialmente peligrosos, empieza la represión del sentir y la imposición del ego que nos otorga una determinada imagen —una protección— frente a los demás. Desde allí aprendemos a relacionarnos con el mundo con una mezcla de pudor —no mostramos nuestros verdaderos sentimientos por si molestan a los demás— y de desconfianza —cuanto menos mostremos de nosotros mismos, menos vulnerables seremos—. Si la imagen tras la cual nos escondemos se parece poco a nuestro verdadero ser, la distancia que sentiremos de cara a los demás será muy grande. Entre ellos y nosotros mediará un abismo, aun cuando estemos codo con codo.

Cuando somos niños, los adultos no parecen respetarnos demasiado: se nos dice implícitamente que tenemos que formarnos de acuerdo a sus indicaciones, porque somos imperfectos e ignorantes. Nuestro ego —la imagen de nosotros mismos que ofrecemos a los demás— se afianza así de forma paulatina a imagen y semejanza de los adultos que nos rodean en casa, en la escuela y en la sociedad. Cada vez nos parecemos menos a nosotros mismos y nos confundimos más con la ropa con la que nos están vistiendo. Poco a poco desaparece el niño verdadero y emerge el adulto con coraza. Algún día llegamos a olvidar —casi— quiénes éramos realmente. Los demás tampoco podrán saberlo.

Convencidos de que no pueden confiar en sus sentimientos y de que su mente es todavía débil, los niños entregan su autoridad a los adultos que les rodean: padres, maestros, familiares, vecinos... Probablemente no dejarán ya de hacerlo jamás —siempre temerán que sus decisiones conscientes, y por supuesto su forma de sentir la vida, sus emociones, no sean las adecuadas—. Les habremos convencido de ello desde la cuna. Cuando somos adultos, nos amoldamos a una sociedad jerarquizada en la que dependemos de la opinión de los demás para sentirnos cómodos con nuestras decisiones y nuestros sentimientos. Necesitamos la aprobación de los otros para considerarnos adecuados. Si seguimos las normas, recibimos esta aprobación. Cualquiera que se salga del engranaje emocional y social se sentirá abandonado a su suerte. Ni siquiera será necesaria la desaprobación explícita de los demás. Simplemente sentirá que ya no pertenece al grupo y asociará este sentimiento con la desaprobación, es decir, con la exclusión del grupo. Y esto es muy difícil de sobrellevar, porque el desprecio de los demás, por razones evolutivas, suscita el miedo inconsciente a la muerte ya que en el origen de las sociedades, la persona repudiada quedaba desamparada del grupo y, por tanto, mucho más vulnerable ante los peligros de la naturaleza y posibles enemigos.

Así los demás se convierten poco a poco en fuente de seguridad para nosotros, porque dependemos de su aprobación para todo. No nos relacionamos como iguales, sino de forma dependiente. No hemos aprendido a relacionarnos de forma sutil, a través de los sentimientos, las afinidades o las necesidades afectivas espontáneas. Reconocemos al otro según los símbolos materiales que exhibe, las ideas que expresa, los periódicos que lee o el tipo de coche que conduce. Según de qué grupo queramos formar parte, asimilaremos unos símbolos de pertenencia u otros. Poco a poco reemplazamos los vínculos sinceros entre personas —la simpatía o el amor que brotan de forma espontánea—, por esos intercambios estructurados que nos ofrecen la seguridad de pertenencia a un grupo humano, a cambio de la aceptación de determinadas normas.

Cuando el teatro de las relaciones humanas se nos queda demasiado estrecho nos ahogamos en nuestra soledad. Entonces querríamos romper las barreras que nos separan de los demás, pero nuestro entrenamiento de años nos lo pone muy difícil: el miedo al ridículo, al rechazo o a la incomprensión nos acota en nuestro aislamiento. Hemos aprendido a hablar para confundirnos, pero no para comunicarnos. En nuestros afectos disimulamos más de lo que mostramos, algunas veces por pudor y otras para no sentirnos vulnerables. A los demás les pasa lo mismo. Nos pasamos la vida esperando que el otro dé el primer paso, pero es probable que tampoco sea capaz de darlo, porque pocas personas poseen la capacidad de expresarse con sinceridad. En la edad adulta nos resulta muy difícil expresar amor y afecto con libertad, sin restricciones o limitaciones convencionales. Nos censuramos de forma automática, a diario, casi sin darnos cuenta, y pagamos un alto precio a lo largo de una vida en soledad.

Queda el refugio del amor romántico. Allí aún sigue siendo aceptable regirse por motivos irracionales que escapan a la camisa de fuerza de lo socialmente aceptable. En la compleja red de relaciones sociales estructuradas que nos rodean, el amor apasionado, supuestamente irracional, nos permite escapar de la prisión de nuestras mentes y tender un puente entre dos personas, sin palabras. Es un milagro frágil y efímero. Cuando ocurre, la mirada y el roce de la piel resultan mucho más elocuentes que las formas socialmente admitidas de relacionarnos. Dicen los científicos que la forma más rápida de sellar el amor es mirándose a los ojos, como ilustra el relato de Magdalena: *Nos conocimos el 28 de diciembre del año pasado. Yo estaba sentada en el comedor de casa, absorta corrigiendo las pruebas de un libro. Llegaste de improviso y nos saludamos. Dicen que sólo un diez por ciento de la población experimenta el flechazo. Nos pasó a nosotros. Te sentaste a mi lado y, aunque yo sólo hablaba con tu compañero, de vez en cuando te miraba. Me inundaba la luz de tus ojos. En mi cabeza empezó a bailar una frase que acallaba el ruido de nuestras palabras: «Si alargo la mano, le toco el alma». Fue un momento muy hermoso. Duró apenas unos minutos, pero se ha instalado en mi memoria como algo fuera del tiempo, misterioso. Allí se ha congelado tu mirada sobre mí. La rescato cuando la necesito. Me da vida, me da amor. Me ayuda a estar sin ti, porque a pesar de la lejanía tú sigues allí, con el alma y el corazón abiertos de par en par para que yo pueda perderme en ellos.*

Sin embargo, el bálsamo del amor romántico tampoco es fácil de reconciliar con los «contratos» y las obligaciones de las parejas estables. A partir de cierto momento, el amor deja de ser el refugio gozoso de la libertad emocional para convertirse en una huida culpable y peligrosa frente a la pareja estable y a los hijos. Nos resistimos al amor porque nos complica mucho la vida. Y nos enfrentamos entonces al temor de que nuestros sueños sean más grandes que la realidad, de que sean inviables. Es difícil encontrar espacio en nuestras vidas para el amor romántico. Quienes lo persiguen por encima de todo lo demás pagan un precio, y quienes lo esquivan también. Es una decisión difícil.

El amor romántico es una necesidad básica de fusión con el otro, de encuentro sin trabas ni convenciones. No obstante, el contacto humano profundo y significativo es una necesidad emocional que no sólo se expresa y se satisface desde el amor pasional, aunque ése sea su cauce más evidente. Decía Bertrand Russell: «... en las relaciones humanas en general, uno debería penetrar hasta el lugar que alberga la soledad de cada uno y comunicarse con ese lugar». Podemos aprender a conectar con los demás no sólo desde la pasión, sino también desde sentimientos de afecto verdaderos y plenos, dirigidos a lo más vulnerable y real de cada persona. Para ello son un obstáculo las convenciones aprendidas desde la cuna. Hay que aprender a relacionarse no desde la mente y las convenciones sociales, sino desde las emociones verdaderas. Hay que perder el miedo inculcado a ser vulnerable o rechazado.

El abanico de los sentimientos es muy extenso, desde el amor más profundo al odio más acendrado. El ámbito de expresión del amor, cuando es verdadero —es decir, directo y sincero, no limitado por convenciones y reticencias—, es inmenso, aunque en general sólo hayamos aprendido a tocar unas pocas teclas. Aunque nos enseñan a considerarnos tan diferentes a los demás coincidimos en el lenguaje de las emociones. Las emociones pueden compartirse con mucha más facilidad que las ideas; éstas dependen de nuestro temperamento, cultura o educación. Sólo las emociones pueden unirnos más allá de las creencias y los prejuicios. Romper el cerco mental y emocional que mantenemos en torno a nuestras emociones de cara a los demás requiere un ejercicio valiente, que resulta más asequible si recuperamos algunas herramientas básicas de comunicación que nos ayudarán a expresar nuestros verdaderos sentimientos con libertad y reducirán el abismo de la incomunicación interpersonal y de la soledad individual.

La búsqueda de los demás a través del amor y de las relaciones interpersonales tiene un componente emotivo fortísimo: necesitamos la protección y el amparo de otras personas para sobrevivir, pero necesitamos también compartir nuestras vidas con ellos para no vivir encerrados en un individualismo solitario y yermo. Como decía Bertrand Russell, el contacto fructífero del ser humano con los demás tiene tres grandes áreas que abonar: el amor, los hijos y el trabajo. En todos ellos resulta imprescindible desarrollar y aplicar la empatía.

LA EMPATÍA

¿Qué es la empatía y para qué sirve? La empatía es la base de la convivencia. En su sentido más básico la empatía es la habilidad de reconocer y de sentir lo que otra persona siente. Muchos psicópatas analizan fácilmente lo que otros sienten, pero no son capaces de ponerse en la piel de los demás. En este caso la habilidad de reconocer los sentimientos de los demás sin sentir empatía les convierte en sujetos muy peligrosos, porque pueden manipular para conseguir sus fines con más facilidad.

La empatía se considera una emoción social. Su desarrollo es clave para asentar las relaciones con los demás. Según el catedrático de Psicología de la Sexualidad de Salamanca Félix López, el elemento determinante en las relaciones amorosas es la capacidad de la pareja para la intimidad —emocional, sexual e intelectual— y ésta se construye a partir de la empatía con el otro. Esta habilidad se desarrolla de forma paulatina, y, según muchos investigadores, entre ellos el psicólogo especializado en el estudio de la empatía, Ervin Staub, es necesaria para desarrollar pautas de comportamiento solícitas con las demás personas. Si no sentimos al otro, si no conectamos con sus preocupaciones y sus emociones, difícilmente podremos desarrollar una relación personal satisfactoria. Compartiríamos entonces una forma de convivir mecánica, pero no podríamos satisfacer las necesidades emocionales de la pareja que, según los estudios, son los elementos que más contribuyen a la felicidad, la piedra de toque de nuestra felicidad personal. Un ejemplo extremo de lo anterior lo constituye el autismo. Los autistas no son capaces de interpretar señales sociales y emocionales básicas y, por tanto, tienen dificultades para compartir sus sentimientos y más aún para empatizar con los de los demás.

La empatía no sólo es básica para nuestras relaciones afectivas y sociales en el sentido más amplio, sino que también es indispensable para ser buenos padres. Para ser un adulto empático hay que ser consciente de las emociones propias y ajenas: reconocer cuándo se está sintiendo una determinada emoción, identificar la emoción en cuestión y ser sensible a lo que sienten los demás. Este ejercicio, que puede hacerse de forma consciente al principio, se convierte en una percepción automática en los adultos emocionalmente maduros. Ayudaremos a nuestros hijos a llevar a cabo este entrenamiento emocional a lo largo de su educación, de forma consciente y positiva en el mejor de los casos.

Si el aprendizaje emocional se hace de forma inconsciente y trasladamos a nuestros hijos hábitos emocionales negativos —como una gestión inadecuada de la ira, o una incapacidad general de reconocer las propias emociones y de sentir las emociones ajenas— y no les dotamos de herramientas para solucionar los conflictos de forma pacífica, cimentaremos las bases de personalidades inadaptadas, con problemas en la convivencia y emocionalmente inmaduras.

Algunas instituciones educativas, por ejemplo, las escuelas del Estado de Illinois, USA, o los colegios de primaria de Canarias, España, que desde 2014 imparten en primaria una asignatura denominada empatía, están empezando a incorporar de forma sistemática a sus planes educativos escolares la inteligencia emocional. El objetivo es que los estudiantes desarrollen el conocimiento y la gestión de sus emociones para una mejor integración en la escuela y en la vida; que desarrollen y utilicen sus habilidades sociales e interpersonales para establecer y mantener relaciones positivas; que adquieran y practiquen destrezas de toma de decisiones y comportamiento responsable en sus vidas personales, escolares y sociales. En un mundo ideal los padres y los educadores deberían aunar esfuerzos para fomentar el desarrollo del mundo emocional y social de los niños y jóvenes. Ya disponemos de ejemplos pioneros en todo el mundo de proyectos solventes y eficaces de educación social y emocional integrados a la vida escolar de los niños.

Muchos científicos defienden la idea de que estamos programados para sentir empatía y que lo normal, desde el punto de vista evolutivo, es desarrollar empatía de la misma manera que desarrollamos el lenguaje. Sin embargo, las experiencias pueden fomentarla o interferir en el desarrollo de la misma. Por ejemplo, cuando los adultos facilitan a los niños vocabulario para que describan sus emociones, los niños son cada vez más conscientes de sus emociones y de las de los demás. En la etapa escolar el pensamiento inductivo —aquel que ayuda a los niños a ver los efectos de su comportamiento sobre los demás— fomenta el desarrollo de la empatía. Cuando los niños tienen una relación afectuosa y estable con sus cuidadores, se sienten seguros y esta seguridad les permite pensar en los demás, en vez de estar completamente centrados en sí mismos.

Los castigos físicos, las amenazas y las palabras despectivas, en cambio, pueden interferir con el desarrollo de la empatía. Los niños que viven relaciones interpersonales negativas tienden a desarrollar pautas de comportamiento antisocial. Según Staub, las experiencias que provocan miedo y aversión hacia otras personas pueden incluso desembocar en el disfrute del sufrimiento.

Numerosos investigadores, como los de la Universidad de Missouri-Columbia, han documentado las etapas del desarrollo de la empatía en los niños. Aunque algunos niños son más sensibles al dolor ajeno que otros, todos desarrollan la empatía de acuerdo a unas etapas establecidas. Por ejemplo, aunque algunos niños sufren más cuando un coche atropella a un gato, casi todos los niños son capaces de reconocer que se trata de una situación triste. Existen casos aislados en los que el niño responde al sufrimiento ajeno con más madurez de la que podría predecirse en función de su etapa de desarrollo. Pero en términos generales, antes de poder desarrollar de forma plena la empatía, los niños necesitan percibirse como personas individuales. Esto ocurre a mediados del segundo año de vida del niño, aunque no es hasta los 6 o 7 años cuando el niño es capaz de meterse de lleno «en la piel» de otra persona. En el umbral de la adolescencia, el niño tiene la suficiente capacidad de abstracción como para poder sentir empatía por grupos de individuos, como indigentes u oprimidos. En ese momento el niño ya puede percibir cómo la experiencia vital condiciona las actitudes, sentimientos y comportamiento de las personas.

Los padres empáticos son capaces de comprender la forma de ver la vida que tienen sus hijos. Puede resultar menos sencillo de lo que parece intentar ponerse en el lugar de un niño o de un adolescente y sentir la vida desde sus ojos y desde sus emociones. El adulto dispone de mucha más experiencia práctica que el niño, y esto cambia su perspectiva drásticamente. Cuando muere la mascota de la familia, el adulto sabe que el dolor se calma con el tiempo. Pero para un niño que esté viviendo esta experiencia por primera vez, la intensidad del dolor puede resultarle apabullante. En general los niños se enfrentan a la vida desde una perspectiva mucho más inocente y vulnerable.

Los padres empáticos, dice John Gottman, ven a sus hijos llorar y pueden ponerse en su lugar e imaginar su dolor. Cuando los hijos patalean de ira los padres empáticos sienten su frustración y su rabia. «Si podemos comunicar esta clase de comprensión emocional a nuestros hijos, honramos y respetamos su experiencia y les ayudamos a aprender a calmarse y a sanarse a sí mismos. Les estamos ayudando a sobreponerse a los obstáculos y a encontrar su camino. ¿Por qué es tan poderosa la empatía? Porque la empatía consigue que nuestros hijos nos vean como aliados. Cuando nos esforzamos por comprender las experiencias de nuestros hijos, ellos se sienten apoyados y comprendidos».

Herramientas de comunicación emocional

Existen aciertos y errores en la forma de comunicarnos con los demás. Algunos son tan burdos —y evitables— que generan un clima emocional negativo. Por ejemplo, la forma más fácil de estropear la comunicación emocional es decirle de manera abrupta a una persona triste y preocupada cómo resolver su problema. Evite imponer su solución a su hijo o a su pareja: es una dinámica negativa típica, tanto entre padres e hijos como en la pareja, como se muestra en la siguiente escena: «La mujer llega a casa de la oficina, muy disgustada por una discusión con un compañero de trabajo. Su marido analiza el problema y en unos minutos ya tiene una propuesta para resolverlo. Pero su mujer, en vez de sentirse mejor o agradecida por el consejo, se siente peor. La razón es sencilla: él acaba de demostrarle que el problema puede resolverse fácilmente, pero no le ha dado ninguna indicación de que comprende lo triste, enfadada y frustrada que ella se siente. Lo que ella percibe es que su pareja piensa que ella no es demasiado hábil o habría sido capaz de resolver el problema por sí sola.

»Pensemos cómo se sentiría ella si, en vez de recibir consejos instantáneos, su pareja le ofreciese un masaje en los hombros. Mientras le da el masaje, el marido simplemente escucha su problema y lo que siente ella a raíz de este problema. Ella podrá entonces perfilar alguna posible solución, y como confía en la comprensión de su marido y se siente mejor después del masaje, puede que incluso le pida su opinión. Ahora es cuando él puede sugerir alguna solución que ella está dispuesta a tomar en cuenta. Ella ya no se sentirá minusvalorada, sino que el apoyo emocional de su pareja le dará fuerzas para enfrentarse a su problema de forma constructiva. Esta dinámica de apoyo y empatía funciona tanto con los padres como con los hijos».

Ante un conflicto, de nuevo, es importante escuchar con atención, expresar tus opiniones de forma objetiva y ayudar a a la persona a encontrar sus propias soluciones. Cuando opinamos o intentamos llegar a un acuerdo con otra persona, hay que evitar sentar cátedra y abrumar al otro con nuestra «razón». Podemos hablar desde una perspectiva claramente personal y subjetiva: «A mí me parece que...», «me da la sensación de que tal vez...», «yo lo veo más bien desde otro punto de vista...». Así expondremos un punto de vista personal, sin agredir al otro.

En un contexto corporativo, William Ury, director del Programa de Negociación de Harvard, recomienda: «... en la mesa de negociaciones tu primer enemigo es tu ego, esa soberbia que te impide aceptar parte de la razón de los otros. Para ponerte en la piel del otro trata de pensar como él, y eso sólo lo lograrás escuchando. Existe una razón evolutiva por la que tenemos dos orejas y una sola boca: usa los oídos el doble que la boca. No escuches sólo las voces: localiza también las razones ocultas más allá de las palabras».

LAS NUEVAS FAMILIAS

«Imaginemos un hogar donde los padres esperan de nosotros que siempre estemos alegres, felices y tranquilos. En este hogar, la tristeza y los enfados se interpretan como señales de fracaso o como indicadores de un posible desastre. El mal humor es sinónimo de "niño malo". Al cabo de un tiempo, el niño aprende a mantener la boca cerrada. Si tiene esos sentimientos negativos, él es el problema. Esto puede resultar muy confuso, especialmente a medida que el niño crece y se da cuenta de que a veces la vida puede resultar difícil. Llega su cumpleaños y no le regalan lo que tanto había deseado. Su mejor amigo encuentra un nuevo mejor amigo y se queda solo en el patio del colegio. Le ponen un aparato en la boca. Su abuela muere.

»A pesar de todo, se supone que no debe tener ningún sentimiento "malo". Se convierte poco a poco en un maestro del disimulo, o incluso mejor: intenta evitar los sentimientos dolorosos y las situaciones que entrañan riesgo de conflicto, ira o dolor. En otras palabras: evita las relaciones humanas íntimas.

»No siempre resulta fácil reprimir las emociones, pero puede conseguirse. El niño aprende a distraerse y a divertirse. La televisión, los videojuegos y la comida son buenas maneras de olvidar las penas. Y en un par de años más tendrá edad para buscar diversiones "de verdad...".» (John Gottman, *Raising an Emotionally Intelligent Child*)

En un hogar en el que lo más importante sea la comprensión, la empatía y el buen humor —asegura Gottman— los padres preguntan «¿cómo estás?» porque realmente les interesa saber la verdad. No sacan conclusiones apresuradas ni dan por sentado que cada problema es una catástrofe que ellos tienen que remediar. Sólo escuchan lo que el niño tiene que decir, confían en que dice la verdad y hacen lo posible por comprenderlo y ayudarlo.

El psicólogo belga Erik Erikson se sorprendió, casi hasta la indignación, cuando descubrió, a la hora de rellenar formularios de admisión a las escuelas, que algunos niños sioux no sabían quiénes eran sus verdaderos padres «biológicos». Las abuelas indias, en cambio, se llevaban las manos a la cabeza porque los blancos confiaban el cuidado de un niño únicamente a una madre y un padre, que tal vez careciesen de experiencia, de empatía, de madurez, de medios o de salud para llevar a cabo solos una labor que, desde la perspectiva de los indios, era responsabilidad de toda una comunidad.

Para los indios americanos no son los genes los que determinan los vínculos entre las personas, sino la actitud. Una persona pertenece a una tribu, o a una familia, si se comporta hacia ese grupo humano como un pariente. La costumbre de tratar a los demás como miembros de una familia forma lazos fuertes que unen a la comunidad en una red de apoyo basada sobre el respeto mutuo.

En nuestras sociedades occidentales el único modelo familiar admitido hasta hace muy poco era la familia tradicional: un núcleo humano cerrado y jerarquizado con un reparto de papeles determinado entre sus distintos miembros. La ventaja de este tipo de familias es que aportan mucha estabilidad y seguridad emocional a sus miembros: todos comparten unos códigos de conducta estables que garantizan la supervivencia del que los adopta.

El lado negativo de estas familias, sobre todo en su versión urbana y reducida, que surgió en la revolución industrial —la familia nuclear—, es que pueden resultar asfixiantes y empobrecedoras para los individuos. Los miembros de estas familias viven al son de «todos a la una» y consideran «ovejas negras» a aquellos individuos que no acatan las reglas familiares. Los miembros dependen los unos de los otros emocional y económicamente. Cuando los hijos abandonan el hogar, los roles de la madre y del padre cambian en concordancia: se convierten en «los abuelos». La mujer que se queda sola es «la viuda». La definición de cada persona dentro del clan se hace siempre en función de su relación con los demás. La hija que no se casa pasa a ser «la soltera» y su función es cuidar a los padres ancianos. En definitiva, este tipo de modelo familiar dificulta o impide la individuación de sus miembros, porque si alguno de ellos piensa o actúa al margen del clan familiar pondría en peligro la cohesión familiar.

Paralelamente a este modelo familiar tradicional, siempre han existido familias más heterodoxas, grupos unidos por lazos emocionales y económicos más dispersos, bien por el carácter de los progenitores, bien por la separación física de los mismos. Crecer fuera de un modelo familiar tradicional suele otorgar la libertad necesaria para la experimentación y el crecimiento individual. La contrapartida es la falta de estabilidad y de seguridad emocional, sobre todo en aquellos casos en los que los padres viven situaciones de conflicto sin resolver.

A medio camino entre la asfixia familiar y el desarraigo emocional podrían situarse aquellas nuevas familias que pretenden ofrecer a sus miembros un espacio más o menos protegido donde desarrollar vínculos emocionales de afecto y de apego seguro. No se trata de un grupo rígidamente jerarquizado ni conformado por roles, sino de una especie de plataforma desde la cual los individuos pueden salir al mundo exterior para experimentar y adoptar formas de vida e ideas propias, y regresar al núcleo cuando lo necesitan. Se les dota en su infancia de estabilidad emocional para su crecimiento y desarrollo. Se trata de un modelo poco frecuente, que requiere imaginación y flexibilidad y buenas dosis de inteligencia emocional. Ofrece un continente seguro para sus miembros, sin paralizarlos ni limitarlos excesivamente.

EXPRESAR EL AMOR HACIA LOS DEMÁS DE FORMA EXPLÍCITA

«Lo que no supimos decir nos dolerá eternamente y sólo el valor de un corazón abierto podrá librarnos de esta congoja. Nuestros encuentros en la vida son un momento fugaz que debemos aprovechar con la verdad de la palabra y la sutileza de los sentimientos.» (Susana Tamaro, *Donde el corazón te lleve*)

Hace algunos años una revista americana publicó la historia de una profesora de matemáticas de instituto. Una tarde pidió a sus alumnos que escribiesen los nombres de todos sus compañeros de clase, dejando un espacio entre cada nombre. Después les pidió que pensasen y apuntasen en la hoja una cualidad, algo especial, que quisiesen destacar acerca de cada uno de sus compañeros. Al final de la clase recogió las hojas. Durante el fin de semana preparó un folio por cada alumno, con su nombre, y allí reunió todos los cumplidos que había recibido de sus compañeros. Entregó su hoja a cada alumno. El contenido de los folios no se discutió nunca en clase, pues cada alumno leyó el suyo en privado, pero quedó claro, por los comentarios que se escucharon aquella tarde —«No sabía que les caía tan bien», «Pensaba que no le importaba de verdad a nadie»—, que los alumnos vivieron el ejercicio de forma muy positiva.

Varios años más tarde uno de estos alumnos, un joven llamado Mark Eklund, murió en Vietnam. Cuando el cuerpo fue repatriado a Minnesota casi todos sus antiguos compañeros, y la profesora de matemáticas, asistieron al funeral. Después del funeral, el padre del joven soldado dijo a la profesora: «Quiero enseñarle algo», y sacó una billetera de su bolsillo. «La tenía Mark cuando lo mataron. Creo que era importante para él y que tiene que ver con usted». Abrió la billetera y sacó dos folios de papel gastados por el uso. Era la lista de cualidades que los compañeros de Mark habían elaborado hacía años. A raíz de aquello, muchos compañeros de Mark reconocieron que para ellos también aquella lista había sido importante: casi todos la guardaban como un objeto valioso. Uno dijo: «Creo que todos hemos conservado nuestra lista».

Aunque seamos a menudo avaros emocionalmente, la expresión de nuestro afecto y apoyo a los demás cuesta muy poco y puede tener una repercusión enorme en la vida de las personas. Un ejemplo extremo de ello son los casos personas resilientes que se estudian en psicología: niños o adultos que han vivido situaciones de pobreza y maltrato físico, psicológico y emocional intenso, y que, sin embargo, son capaces de sortear los grandes peligros que parecían cernirse sobre ellos. La resiliencia parece casi un milagro pero tiene una explicación. Para muchas personas el secreto de su fortaleza reside en que en su vida apareció, a veces de forma muy fugaz, un adulto que les ayudó a creer en sí mismos y en la vida. Desde una abuela valiente hasta un profesor que supo enseñar en unos meses lo más necesario o unas simples palabras de esperanza y de apoyo, un gesto de ayuda, una mirada de comprensión, una muestra de afecto que ayudaron al pequeño o al adulto a no perder la esperanza en sí mismo y en el mundo que lo rodeaba.

El apoyo y la compresión explícitos a las personas que nos rodean, de cualquier edad, extraños o familiares, es una de las características humanas más valiosas y menos valoradas de nuestra sociedad. De nuevo, tendemos a pertrecharnos en actitudes emocionales supuestamente seguras que sólo consiguen consolidar la soledad de quienes viven rodeados de otras personas, pero sin poder alcanzarlas.

VI

El aprendizaje del amor y del sexo

«Temer al amor es temer a la vida y aquellos
que temen a la vida ya están tres cuartas
partes muertos».

BERTRAND RUSSELL, *Matrimonio y moral*

*Fui a Londres a despedirlo, porque él se marchaba un año a tra-
bajar en un campamento de refugiados en Sudán. Se suponía
que se trataba de una separación temporal, pero cuando le dije
adiós en el taxi me retuvo y dijo: «Bésame otra vez. Es nuestro
último beso». No le creí. Esperé durante meses una carta suya,
primero con sello de El Cairo, donde tenía que hacer escala durante unas semanas; y más tarde desde Sudán. Pasaron los años,
hasta cinco incrédulos años esperando noticias suyas, que nunca
llegaron. No quise aceptar la realidad, ni pude aprender nada de
aquella situación, tan sólo padecía el dolor, vertiginoso, implacable. A veces me parecía que un perro rabioso me destrozaba el
corazón a dentelladas. Recordaba su voz cuando me decía que
me quería. De aquella situación sólo derivé un dolor yermo
que me iba secando el corazón. Temía volver a amar.*
　　*Pasaron quince años. En el transcurso de ese tiempo me
casé y tuve tres hijos. Un día me enfrenté a la crisis que había en
mi matrimonio. Cuando la crisis parecía irresoluble y el amor*

un espejismo, tuve un sueño. Soñé que me volvía a enamorar. En el sueño sentí el mismo miedo irracional, incontrolable, a sufrir. Las imágenes que desfilaban en mi sueño corrían veloces hacia el dolor y el fracaso que había vivido hacía quince años. Entonces el sueño se detuvo de repente. A cámara lenta, muy despacio, tuve la oportunidad de revivir ese amor imaginario desde la serenidad y la experiencia. El sueño me decía de manera clara: «Hazlo de forma distinta o volverás a sufrir inútilmente». Y desperté.

Pocas horas después, de forma inesperada, conocí a un hombre del que me enamoré. Pero esta vez frené la incipiente invasión de miedo y de dolor. Intenté aprender a amar. A lo largo de este proceso, he comprendido que, como cualquier otra capacidad humana, el amor es un instinto que todos poseemos pero para el que no estamos todos igualmente dotados. Algunos aman con naturalidad, sin demasiado esfuerzo ni dolor. Pero casi todos podemos aprender a amar mejor. Como todos los aprendizajes, el amor exige esfuerzo, disciplina y ciertos conocimientos. El camino de transformación a través del amor es doblemente complicado, porque requiere superar instintos básicos que surgen de forma natural con el sentimiento del amor, entre ellos la impulsividad y el deseo de amar libremente, sin coartadas, porque asumimos que las emociones «son lo que son» y que no hace falta trabajar en ellas. (Silvia, 42 años)

¿POR QUÉ ES IMPORTANTE EL APRENDIZAJE DEL AMOR EN LA ADOLESCENCIA?

Las experiencias amorosas adolescentes tienen una gran repercusión en la formación de la identidad personal y en la capacidad de mantener relaciones íntimas. Según el psicoanalista Erik Erikson, pueden determinar, en la edad adulta, la calidad de las posteriores relaciones románticas y de la vida en pareja. Las investigaciones apuntan que la calidad de las relaciones amorosas de las personas está asociada a su ajuste socioemocional. Esto debería ayudarnos a comprender los mecanismos que regulan el amor en la adolescencia, máxime ante los problemas crecientes relacionados con los embarazos adolescentes y la transmisión de enfermedades sexuales como el virus de inmunodeficiencia humana, VIH. No podemos minimizar la conmoción emocional y social del amor en la etapa adolescente, a pesar del relativo silencio, cuando no desdén, que se suele conceder a este tema.

Los adultos no suelen tomarse demasiado en serio los primeros amores y desamores de sus hijos, excepto en la medida en que una relación sexual inmadura pueda suponer un riesgo de embarazo o de enfermedad. Facilitar al adolescente sexualmente maduro medios anticonceptivos es fundamental, pero no suficiente. Muchos adultos sermonean a su hijo enamorado, se ríen de forma amable de su vena romántica, le dicen que es demasiado joven para sentir algo profundo o que se está fijando en alguien que no le conviene, en cuyo caso tal vez interfieran de forma más drástica.

Cuando charlo con mis amigos, sobre todo con aquellos que acaban de traspasar el umbral de la cuarentena, me sorprende que muy pocos crean aún en el amor. El amor, dicen, es una fantasía. Parecen vivir a caballo entre un cómodo cinismo y la esperanza secreta de que al fin y al cabo el amor podría existir realmente, aunque hacen poco por que el *milagro* les ocurra a ellos. Para algunos el amor es un sentimiento que muere cuando se agota el deseo. Para otros exige un esfuerzo de entrega y de dedicación que no compensa la pérdida de libertad individual. Otros lo consideran más un sueño que una realidad y se han resignado a una convivencia con altibajos con su pareja: sin pasión, pero con la suficiente estabilidad para poder criar a sus hijos. Otros muchos tiran la toalla y, a pesar de los remordimientos por los hijos comunes, deciden intentarlo de nuevo con otra pareja. Al cabo de un tiempo, a juzgar por las cifras de divorcio en los segundos matrimonios, la mayoría volverá al punto de partida.

Pregunté recientemente a un amigo soltero por qué seguía soltero a pesar de las ganas que exhibía de encontrar pareja y de tener hijos. «Las mujeres son tremendas —me dijo indignado—. No sabes lo malas que son. Se las saben todas. No tienen escrúpulos». «Claro —contestó una amiga del grupo—. Hemos aprendido a comportarnos como vosotros y eso os resulta desagradable».

No me reconocí en esa descripción de perversidad femenina, aunque podía comprender la indignación de Jorge. Las mujeres, tradicionalmente inexpertas, sumisas o dependientes desde el punto de vista emocional, se están sumando a una visión cínica del amor de pareja muy habitual hoy en día. Si tratamos el amor —la relación intelectual, emocional y sexual íntima entre dos personas— como algo parecido al consumo de una droga, algo que produce un subidón químico excitante aunque irracional, no deberá extrañarnos que el final del amor se parezca tanto a una mañana de resaca con la diferencia de que la resaca es meramente desagradable y desaparece con una aspirina y unas horas de sueño. El desamor, en cambio, puede resultar mucho más doloroso y desconcertante y deja secuelas de cinismo y desconfianza para el futuro.

El amor romántico, dice la antropóloga Helen Fisher, de la Universidad de Rutgers, no es una emoción. Es más bien «un sistema de motivación, un impulso que forma parte del sistema de recompensa del cerebro». El cerebro, en función de cómo transcurre la relación amorosa, une el impulso a una serie de emociones. La corteza prefrontal acumula los datos, los organiza y pone en pie estrategias para fomentar la relación amorosa.

La doctora Fisher divide el amor en tres categorías relacionadas con distintos circuitos cerebrales: el deseo sexual, fomentado por andrógenos y estrógenos; la atracción (el amor romántico o apasionado), caracterizada por la euforia cuando todo va bien, cambios de humor acentuados cuando las cosas se tuercen, pensamientos obsesivos y un deseo intenso de estar con la persona amada, todo ello impulsado por altos niveles de dopamina y norepinefrina y bajos niveles de serotonina; y el apego sereno que se siente por un compañero estable, acompañado de las hormonas oxitocina y vasopresina. En general, el amor apasionado suele mutar químicamente hacia el sentimiento de tranquilidad y sosiego de las relaciones estables.

No podemos controlar todos los aspectos del amor. No podemos vivir de espaldas al hecho de que es un sentimiento que responde a una evolución y que su dimensión pasional tiene una fecha de caducidad que nos hará revisar tarde o temprano la letra pequeña de nuestra convivencia en pareja. Esa letra pequeña no la acordamos nunca de forma consciente: no dijimos que pasados los años de pasión recuperaríamos nuestra libertad para volver a enamorarnos. No pensábamos en ello entonces, aunque tal vez tampoco dijimos *de verdad* que renunciaríamos a la pasión con el resto del mundo cuando la emoción se apagase con nuestra pareja. No teníamos previsto que aquello que más gracia nos hacía de nuestra pareja —su facilidad para reírse de la vida a carcajadas o para llenar la casa de amigos— implicaría dificultades a la hora de pagar las facturas a fin de mes o nos obligaría a vivir en una casa con ceniceros llenos de colillas y manchas de «cubata» en la alfombra del salón. En cualquier caso, la decepción suele ser mutua y, aunque no se exprese, las miradas y la realidad diaria se encargan de recordarnos que el amor debería ser otra cosa. Pero ¿qué cosa? ¿Qué rasgos objetivos conforman el amor?

Aprender debería aplicarse a todo, en cualquier momento. Aprender —transformarse, evolucionar— es la base del fluir de la vida. Da sentido a nuestras experiencias. En el amor nos enfrentamos a los brotes de posesividad que implican una falta de respeto a la libertad del otro; a la obsesión, que nos impide ver la realidad y nos encierra en un mundo subjetivo; al deseo de controlar y de dominar, porque nos da la sensación de ser menos vulnerables; a las trampas múltiples que nos tiende el ego, que quiere utilizar al otro para sentirse mejor. La manipulación de la pareja a través de las palabras, las emociones, los contratos legales, los hijos... es una tentación constante para aquellos que no han reflexionado acerca del amor y que no se han preparado para ello. La manipulación no sólo posee consecuencias nefastas para la persona amada y la relación de pareja, sino que también impide la transformación de uno mismo y arrastran una carga de sufrimiento personal estéril y dolorosa. A veces ese dolor es tan excesivo que marca, o incluso desestructura, a la persona que lo padece.

Aceptar estos rasgos y convertirlos en herramientas útiles a nuestro propósito puede ayudarnos a evitar que el amor no se convierta en una experiencia dolorosa y desconcertante. Podemos revisar algunas creencias, a menudo equivocadas, que lastran nuestras expectativas y nos impiden disfrutar del amor cuando éste llega a nuestras vidas.

EL AMOR ES INTUICIÓN, NO CEGUERA NI DESPRECIO

«La experiencia del amor es la herramienta más poderosa para el autoconocimiento y el desarrollo personal. Porque el amor nos conmueve tan profundamente, y porque cada miembro de la pareja está centrado sólo en lo mejor y más auténtico del otro, ambos pueden actuar como espejos el uno para el otro.» (Carol Anthony, *Amor, una conexión interior*)

La gente subestima gravemente el amor cuando afirma que el amor es ciego, en el sentido de que los enamorados no ven de manera objetiva al otro. En realidad, el amor es una extraña forma de intuición. El amor verdadero y recíproco —no la fantasía amorosa de quedarse colgado de alguien— nos permite ver al otro sin juzgarlo, traspasando las barreras de la coraza de su ego. Cuando miramos a alguien con amor vemos más allá de las interferencias de su ego. Desde el amor incondicional a otra persona, lo que captamos en realidad es su *potencial positivo*. Vemos, o más bien intuimos, lo que esta persona podría llegar a ser sin las interferencias de sus patrones emocionales negativos y de su ego. Goethe lo describía en *Las afinidades electivas* diciendo: «Trata a las personas como si fueran lo que deberían ser, y ayúdalas a convertirse en lo que son capaces de ser».

Cuando amamos a alguien y esa persona percibe nuestro amor incondicional, se siente plenamente aceptada. Esa aceptación del otro, al que percibimos a través del amor incondicional, da fuerzas al que es amado para creer en sí mismo y abre de golpe los canales de expresión de la persona. El amor es el reconocimiento del potencial del amado y actúa como una energía que transforma. La mirada y el amor del otro nos dan vida y nos ayudan a transformarnos. Por eso la persona enamorada irradia esta seguridad al mundo exterior: los enamorados «brillan». El amor del otro les ayuda a creer en sí mismos.

El mecanismo es similar entre padres e hijos: cuando el amor que ofrecen los padres es incondicional y, por tanto, no proyectan sus expectativas y miedos en el hijo, perciben intuitivamente el potencial de cada niño con claridad y pueden ayudarlo a realizarlo. El amor incondicional implica la aceptación total de la persona amada, adulto o niño. Ese sentimiento no se puede fingir. Es un magnífico regalo que damos a los seres que amamos: creemos en ellos y los amamos tal y como son, esperando naturalmente lo mejor de ellos. Con esta visión les ayudamos a expresar lo más positivo que hay en ellos.

Si comprendemos que la fuerza del amor radica en mantener esta visión positiva del otro, evitaremos caer en la crítica y en el reproche constantes. Tal vez por ello algunos psicólogos dicen que el desprecio de la pareja es la muerte del amor. Cuando perdemos la visión positiva de la pareja perdemos el sentimiento de amor incondicional que sentimos por ella. Si queremos evitar dañar nuestra relación y lastrar la confianza y autoestima del otro, hay que procurar no caer en las actitudes que implican desprecio hacia la pareja. Existen indicios recurrentes que indican cuándo una relación entra en una fase difícil: la crítica constante al otro, el desprecio, estar a la defensiva frente a la pareja y, finalmente, la cerrazón emocional. Si la crítica y el desprecio pretendían incitar al otro a comunicarse o cambiar, consiguen lo contrario: la pérdida de la confianza y la ruptura emocional. La crítica y el desprecio no son compatibles con el amor. El desprecio mata el amor.

Aprender a amar y a ser amado de forma incondicional es una de las herramientas más poderosas que existen de transformación personal y de reconciliación de una persona consigo misma.

LOS MECANISMOS PSICOEMOCIONALES DEL AMOR: BÚSQUEDAS, FANTASÍAS Y PROYECCIONES

Existen distintos motivos por los cuales las personas se enamoran. Algunos motivos responden a patrones psicológicos conocidos. Resulta esclarecedor comprender en qué patrón psicológico o emocional encaja una determinada relación, sobre todo para saber si la fantasía ha ocupado el lugar que legítimamente le correspondía al del amor. La fantasía tiene un lugar en el amor, es divertida y ayuda a sobrellevar las dificultades iniciales, pero si constituye los cimientos de una relación, la realidad hará añicos nuestra relación amorosa fantasiosa.

Anima-animus: sentimos amor pasional cuando conocemos a una persona que refleja elementos de nuestra personalidad que no expresamos. Los hombres se enamoran de una mujer que refleja su ánima, o lado femenino oculto. Las mujeres se enamoran cuando conocen a un hombre que refleja su *animus*, es decir, el lado masculino oculto de su personalidad. Conocer a nuestra ánima o nuestro *animus* nos hace sentir completos, como si por fin hubiésemos conseguido algo que nos ha faltado toda la vida.

Lo irónico de esta situación es que, aunque sentimos amor pasional, en realidad no amamos a la otra persona sino a nuestra parte oculta, a través del amado. Creemos que amamos a la otra persona porque la necesitamos para sentirnos completos.

A lo largo de esta relación amorosa podrían ocurrir dos cosas:

— que intentemos agarrarnos a la relación porque necesitamos sentirnos completos, aunque la realidad probablemente rompa la magia y la fantasía. En ese caso intentaremos empezar de nuevo con otra persona similar;
— que intentemos asimilar o expresar aquello que amamos en nuestra pareja (y que se corresponde con lo que nos cuesta manifestar de nosotros mismos). A medida que integremos los elementos ocultos de nuestra personalidad necesitaremos cada vez menos a nuestra pareja. La viabilidad de la relación dependerá entonces de qué otros elementos nos unan.

La *proyección* es otro mecanismo muy habitual en las relaciones humanas. Cuando nos enamoramos, a veces reconocemos un elemento de nuestra personalidad en el otro. Inmediatamente proyectamos elementos adicionales e imaginados en el amado: si él nos dice, por ejemplo, que le gusta la literatura, imaginamos que también le ha de gustar la poesía, como a nosotros, y que, por tanto, se trata de un ser tierno y apasionado. En realidad, él es un hombre pragmático y reservado, un devoto cervantino que rehúye las lecturas románticas —devoto, sí, pero no en el sentido que esperábamos—. Las horas felices que habíamos imaginado a su lado leyendo a Neruda a la luz de la lumbre se esfumarán sin piedad en la primera velada que pasemos juntos: es probable que acabemos sentados en un teatro incómodo, mirando alguna obra histórica repleta de soldados romanos blandiendo espadas y que el cumplido más romántico que escuchemos sea «eres tan buena escudera como Sancho Panza».

Cada descubrimiento acerca del otro da cancha a la realidad para hacer añicos nuestra fantasía. Cualquier cosa que la persona diga o haga de forma diferente a la imaginada por nosotros destruye nuestro mundo inventado. Proyectar demasiada fantasía en el otro resulta incompatible con una relación de amor. Una mirada objetiva y una buena dosis de sentido del humor ayudan a poner las cosas en su sitio.

La *intimidad* asusta a muchos adolescentes y a bastantes adultos. Les resulta más seguro enamorarse de sus proyecciones —pretendemos que el otro es exactamente lo que nosotros queremos que sea— o intentar convertirse en la proyección de la pareja: si pretendemos ser lo que él o ella desea, es probable que no deje nunca de querernos. En ninguno de los dos casos existe una intimidad real y evitamos ver partes de nosotros y del otro que nos asustan o desagradan. La debilidad, la inmadurez, la inexperiencia sexual o emocional, todo sale a la luz en una relación íntima. Algunas personas no quieren enfrentarse a este lado oscuro y mucho menos admitirlo ante otro. En cambio, si la relación es un mero espejismo, no hace falta conectar íntimamente con la pareja y enfrentarse al lado oscuro de la vida. Algunas personas rompen una relación si temen que les obligue a conectar íntimamente con el otro.

Existen personas que se empeñan en esperar a la persona «adecuada». Pasan los años y esta persona nunca llega. O tal vez sí llega, pero no son capaces de reconocerla porque están demasiado inhibidos emocionalmente. Un ejemplo de este tipo de comportamiento se da con relativa frecuencia en la adolescencia, en el amor no correspondido. El escenario podría es el siguiente: el chico proyecta su ánima sobre una chica, pero ella no hace lo que él espera de ella. La imagen que él tiene de la chica y la chica real no concuerdan. Esto descoloca al chico, que decide querer a su enamorada desde la distancia. La chica no sabe qué pensar: si se interesa por su pretendiente, él se aleja. Si no le hace caso, éste tiene fantasías absurdas acerca de ella. En otras palabras, él no quiere estar con una pareja real.

HERRAMIENTAS PARA EVITAR LAS FANTASÍAS AMOROSAS

Una herramienta eficaz para tener buenas relaciones afectivas es hacer realidad nuestro sueño de vida sin depender de la persona amada. Es decir, evitar proyectar nuestros deseos de una vida determinada sobre el ser amado. En lugar de esto resulta mucho más eficaz ponerse manos a la obra e intentar llevar a cabo la vida que deseamos por nosotros mismos. Tomemos el ejemplo que relata T. D. Kehoe en su libro *Hearts and Minds* de una ejecutiva que disfruta de una vida estable y próspera. Se enamora de un músico de jazz cuyas improvisaciones la hacen sentirse libre y feliz. Le gustaría saber expresarse así pero se repite a sí misma que no puede.

La ejecutiva y el músico salen juntos y ella se da cuenta de que él es pobre. Miel sobre hojuelas: su primera reacción será ofrecerle los elementos de su personalidad de los que se enorgullece —la prosperidad y la estabilidad— y declara que, si el músico se casa con ella, podrá mantenerlo cómodamente. A él el plan no le entusiasma. En cambio, le ofrece los elementos de su personalidad de los que se siente orgulloso —la libertad y las emociones— y la invita a acompañarlo al festival de jazz de San Sebastián. Pero como ella necesita varios meses para planificar sus vacaciones no puede aceptar.

Aunque ambos quieren el apoyo de una pareja complementaria, tienen miedo de mostrar sus debilidades y prefieren compartir aquello de lo que se sienten más seguros. La solución radicaría en intentar ayudar al otro a desarrollar y fortalecer sus puntos débiles. Ella, si siempre ha deseado cantar, podría pedirle a él que le dé clases vocales. Y él podría mostrar su aprecio por la estabilidad y eficiencia profesional de ella pidiéndole que lo ayude a gestionar su carrera musical. Ambos se parecerían más a lo que el otro quiere, sin renunciar a su personalidad intrínseca, satisfaciendo sus necesidades por sí mismos, sin depender del otro.

Cuando ella haya aprendido a expresarse cantando tal vez ya no lo necesite a él. Cuando la carrera de él vaya sobre ruedas, tal vez no la necesite a ella. Podrán emparejarse con alguien que les haga más felices. En cualquier caso si siguen enamorados y se casan, ya no serán personas dependientes, sino complementarias.

LAS TRAMPAS DEL MODELO DEPENDIENTE/DOMINANTE

Tradicionalmente las relaciones de pareja han estado lastradas por los roles de la dominancia y la sumisión. Carol Anthony explica que estos roles no responden a la verdadera naturaleza de las personas o de las relaciones de pareja, sino que reflejan los modelos de organización social feudales que han existido en todo el mundo y que siguen vigentes hoy, incluso en el seno de los sistemas políticos modernos.

El feudalismo es un sistema de jerarquía piramidal en el que se despoja al individuo, cuando nace, de su autoridad sobre sí mismo, para transferirla a sus padres, que se sitúan por encima del niño. A medida que el niño crece, la autoridad se transfiere a escalones superiores de la pirámide —escuela, estado, profesiones especializadas...—, todo un mundo jerarquizado en el que dependemos siempre de la aprobación de alguien o de algo. El adulto acaba convencido de que necesita la aprobación de la sociedad para todo y adapta su comportamiento a los patrones emocionales y sociales vigentes. Estos patrones no respetan la autoridad del individuo sobre sí mismo y causan innumerables problemas en las relaciones de pareja. La persona que se ve a sí misma en el papel sumiso y dependiente acepta los abusos de poder de la pareja dominante, a cambio de que ésta se haga cargo de ella, física o emocionalmente. Las personas sumisas temen de forma constante ser abandonadas y se vuelven cada vez más posesivas a medida que la pareja dominante les muestra un creciente desprecio o indiferencia.

Aunque estos roles se han presentado como reflejo de una polaridad «natural», por medio del amor podemos liberarnos de estos roles tradicionales, rechazando conscientemente tanto la necesidad de someternos como la de dominar a la pareja.

Un inciso: en las proyecciones amorosas, son bastante corrientes las parejas tradicionales estables que aceptan estos roles de sumisión y de dominación. El hombre tradicional no desarrolla su potencial femenino (por ejemplo, no aprende a cuidar de sus hijos) y se empareja con una mujer que personifique sus carencias: una compañera tradicional y maternal, sin ambición profesional o que no haya desarrollado las emociones masculinas típicas, como la firmeza o la contundencia. Por su parte, ella necesita un hombre que haga estas cosas por ella. Ambos desarrollarán, en mayor o menor medida, sólo los aspectos masculinos o femeninos de su psique. Este tipo de parejas realiza una especie de fusión: juntos conforman una sola persona a través de la unión de sus fortalezas y debilidades. Si la relación fracasa, les será difícil intentar llevar una vida independiente ya que necesitarán encontrar a alguien que siga supliendo sus carencias.

Amar sin instrumentalizar a los demás

Las personas nacen con la capacidad de dar y recibir amor. Muy pronto en la vida, sin embargo, suele ocurrir que nuestros padres empiezan a darnos o privarnos de su amor de forma condicionada, en función de si quieren recompensarnos o castigarnos. Probablemente sea el mecanismo educativo que aprendieron de sus padres.

Los jóvenes educados con amor condicional aprenden a amar de manera instrumental. Cuando se conviertan en adolescentes tenderán a manipular y a controlar a sus padres. Cuando estén satisfechos darán satisfacciones a sus padres para recompensarles. Cuando no estén satisfechos replicarán a sus padres y les frustrarán. Es un mecanismo automático o semiinconsciente, una cadena difícil de detener a menos que se detecte y corrija con firmeza. Cuando ocurre, los padres se sienten desconcertados y no saben cómo reaccionar, porque están acostumbrados a que sus hijos les complazcan. Pero estos adolescentes ya no quieren someterse a la voluntad de sus padres. Tampoco son capaces de quererles de forma incondicional: no saben cómo. Esto crea un círculo vicioso que suele traducirse en ira, resentimiento y comportamientos ofensivos por parte de los adolescentes.

Más tarde, este mecanismo del amor condicional se repetirá en el entorno social. Se obligará al adulto a aceptar ciertas normas y requisitos sociales. Como explica Susana Tamaro por boca de uno de sus personajes, «... es la extorsión terrible de la educación, a la que es casi imposible sustraerse: ningún niño puede vivir sin amor. Por eso aceptamos el modelo que se nos impone, incluso si lo encontramos injusto. El efecto de ese mecanismo no desaparece con la edad adulta». Poco a poco olvidamos lo que es el amor sin condiciones. Cuando llegamos a la edad en la que establecemos relaciones íntimas, hemos olvidado cómo se ama de forma natural e inocente. El amor se ha convertido en moneda de trueque y se crean patrones emocionales negativos como la dependencia y la dominación: seguridad y protección a cambio de cuidados emocionales. Los adultos renuncian así a relaciones entre iguales, sin condiciones, que les permitan crecer y fortalecerse, apoyando a la pareja, pero centrados en su propia individualidad.

Uno de los obstáculos fundamentales a los que se enfrentará el adulto en sus relaciones íntimas será aprender a amar de nuevo desde el amor incondicional, tal y como se ha descrito a lo largo de este libro.

RESPETAR LOS LÍMITES DE LA PAREJA

Amar no da derecho a apropiarse ni a invadir el espacio privado de otra persona. Los adultos solemos convivir con el miedo a perder lo que consideramos nuestro. Disponemos de una serie de antídotos a este miedo, camuflados en costumbres y ritos sociales, como son los contratos que firman las personas cuando se casan. Aunque en un principio la validez legal de estos contratos protege los bienes físicos y la descendencia de la pareja, tendemos a ampliar el sentido de pertenencia al ámbito emocional. Así, una mujer o un hombre se convierten en «mi mujer, mi marido», y con ello parece que sus emociones y su vida también nos pertenecen.

Una convivencia o una relación libremente pactadas entre dos adultos implican ciertos deberes y obligaciones legales y también una responsabilidad emocional hacia el otro. Ampararnos en nuestra libertad personal para maltratar emocionalmente a los demás no es un ejercicio responsable de nuestros derechos. Cuando contraemos un vínculo emocional, contraemos una responsabilidad que cada cual, de acuerdo con su conciencia, debe dirimir, en caso necesario, como mejor sepa.

Sin embargo, tampoco resulta lícito asimilar la vida y las emociones de otra persona como si nos perteneciesen. Estamos invitados a compartir la vida, no a arrollar la del otro. De forma similar, el adolescente debe aprender no sólo a respetar el espacio de los demás, sino también a hacer que se respete su propio espacio. Alguien que exige a su pareja que renuncie a ser él o ella misma, a sus amigos, a sus aficiones o intereses, está mostrando una evidente falta de empatía hacia los demás.

Las personas tienen distintas capacidades para asimilar y aprender. Respetar a los demás implica también el respeto a su particular ritmo de asimilación y de crecimiento, y ese elemento debe estar presente en las valoraciones sobre el comportamiento de los demás. A veces, desde nuestro ego podemos sentirnos susceptibles y desconfiados y reaccionar de forma brusca ante los errores ajenos («esto yo no me lo merezco», «si cedo ahora no habrá marcha atrás»...). Conviene aprender a no juzgar a los demás desde esa perspectiva egocéntrica, sino desde un lugar menos posesivo, más empático y más compasivo.

De nuevo un adolescente o un adulto con una buena autoestima, que acepte sus emociones, sabrá distinguir por medio de la intuición o del sentido común lo que es aceptable y lo que no lo es, y podrá apartarse de determinadas situaciones sin entrar en espirales de emociones negativas, como la tristeza o la ira. Su solidez emocional lo ayudará a refugiarse, en tiempos difíciles, en su entorno más cercano en busca del afecto que necesita, y sabrá recurrir a su sentido de pertenencia al mundo, a sus aficiones y a la lealtad que le profese a su propia persona.

El sexo como expresión física del amor

Estamos viviendo una de las épocas de mayor libertad sexual y sentimental de los últimos siglos. Hay un gran potencial positivo en este hecho: en principio, las personas pueden vivir sus vidas amorosas con una libertad desconocida para la gran mayoría de la población en el pasado. Cuando se pregunta a la gente qué valora más, si el amor o el sexo, la respuesta se decanta a favor del amor. Comenta, sin embargo, la psicóloga y escritora Remei Margarit, en un artículo publicado en *La Vanguardia* en julio de 2007: «... la juventud es pródiga en amores tempestuosos, el deseo inunda los sentimientos y esa mezcla favorece la búsqueda de la pareja, el amor con mayúscula..., la fusión de cuerpos y almas. Por lo menos ése es el programa previsto aunque a veces se da que la fusión de los cuerpos, la atracción química, sobrepasa en mucho a la compenetración anímica».

Sin embargo, a la hora de transmitir conocimientos a los adolescentes, sobre el sexo y el amor, nos decantamos por informarles sobre el sexo. Del amor no hablamos con ellos, como si se tratase de un sentimiento opaco, demasiado elusivo para abordarlo. Tendemos más bien a transmitir la idea de que el amor es algo irracional, algo que le ocurre a uno sin posibilidad de protegerse o de disfrutarlo de forma consciente. Parece cuestión de qué le toca a uno en suerte.

Nos refugiamos entonces en una descripción fisiológica del amor en función de las enfermedades venéreas, medios anticonceptivos y los embarazos no deseados. El amor parece más bien una maldición, un pecado antiguo por el que hay que pagar un precio si uno no es muy cauto.

Del amor, los adolescentes sólo aprenden la expresión física del mismo —el sexo— pero a menudo ni siquiera se trata de una relación sexual plena y amorosa, sino de sexo sin amor.

Es absolutamente necesario que los adolescentes conozcan la vertiente fisiológica del sexo y aprendan a protegerse de enfermedades y embarazos. Pero ¿dónde queda el aprendizaje del amor? Del sexo debe hablarse en su contexto social y psicológico completo. El sexo, en su expresión más plena, es la expresión física del amor. Pocas personas pueden negar que el sexo con amor resulta infinitamente más satisfactorio que el sexo sin amor.

Comprender el sexo dentro de un contexto emocional ayuda a no instrumentalizar a la otra persona, a no utilizarla, al menos sin su consentimiento explícito. Aprender a amar no significa sólo conocer los rudimentos de la sexualidad, sino también la riqueza emocional que éste puede comportar y el riesgo de herir a los demás y de resultar herido. Se ama desde el respeto al otro, desde la empatía por sus necesidades y sentimientos.

Si pretendemos, en cambio, que el sexo sea una necesidad puramente biológica y lo despojamos de su dimensión emocional, lo relegamos a un lugar menor en la relación de pareja. El sexo en la pareja es un nexo de unión fortísimo. Los estudios corroboran que los matrimonios que viven sin un buen entendimiento sexual son mucho más frágiles.

El entendimiento sexual es fundamental en la pareja, no es accesorio. El sexo puede convertirse en un elemento de comunicación emocional que ayude a resolver otro tipo de problemas y desavenencias; es una manifestación de unión y fusión mutua que expresa complicidad e interconexión entre dos personas. Hablar a los jóvenes del sexo también desde esta perspectiva emocional y psíquica los ayudaría a darle la relevancia que tendrá en el futuro para su vida en pareja.

AMOR Y DESAMOR

A veces minimizamos el dolor que producen los primeros rechazos amorosos y el desconcierto que puede llegar a sentir el adolescente debido a su inexperiencia. En un cuestionario realizado por la antropóloga Helen Fisher a cuatrocientos treinta americanos y a cuatrocientos veinte japoneses, el 95 por ciento contestó afirmativamente a la pregunta «¿Ha sido abandonado alguna vez por una persona a la que amaba?». El mismo porcentaje también había abandonado a su vez a alguien que les amaba a ellos. La experiencia del desamor es casi inevitable en el curso de la vida. Y el desamor duele. La doctora Fisher cita un estudio en el que el 40 por ciento de las personas que sufrían desamor tenían depresión clínica (un 12 por ciento sufría depresión aguda).

Al enfrentarse de repente a lo que un día considerará su primer amor, el joven tiene, por tanto, pocas posibilidades estadísticas de que ese amor pueda pervivir. Como si se tratase casi de una ley inmutable, el primer amor marca un antes y un después en la vida emocional del joven. Tarde o temprano aprenderá la difícil experiencia del desamor. Nadie lo ha preparado para ello. Nadie le ha sugerido siquiera el dolor que supondrá la pérdida de este amor. De pronto algo inesperado, una inundación emocional, atravesará su mente, sus emociones y su cuerpo.

Atónito, descubrirá que una sola persona, entre los miles de millones que lo rodean en el mundo, acumula, de repente, todo aquello que importa, *lo único* que le importa. Querrá morir aunque su instinto de supervivencia se lo impedirá.

En muchos casos, durante unas semanas, meses o incluso años, tendrá que encender el piloto automático para sobrevivir. Al principio, seguirá albergando la esperanza de que el amado regrese. Poco a poco la resignación irá borrando ese anhelo. Tal vez pudiera encontrar consuelo en la esperanza de que el tiempo calme el dolor. Pero de momento, al no ser su primera inundación emocional, el joven no tiene siquiera suficiente experiencia para prever que con el tiempo se mitiga el dolor del desamor. Aunque, por otra parte, eso tampoco es del todo cierto: al cabo de los años se dará cuenta de que la huella del primer desamor no se habrá borrado del todo. Lo que más marcará la vida emocional de este joven, después de su relación afectiva con la familia y con su entorno más cercano, será la cicatriz del primer amor.

Encerrados en la camisa de fuerza de nuestros sentidos, desde la caja negra de nuestro cerebro, la fusión con el otro parece la única salvación porque palía el sentimiento de soledad que arrastramos. Como los sentimientos de amor no son frecuentes, llegar a sentirlos y luego perder al ser amado —que nos parece aún más único por los fenómenos químicos y cerebrales que se activan durante el amor— se vive como una pérdida irremediable e insustituible.

Las experiencias emocionales, tanto las positivas como las negativas, han de servir para evolucionar. Si no aprendemos de ellas, sólo nos producirán sufrimiento y estancamiento con respecto a un problema dado. Es muy importante desarrollar, durante la educación del niño y del adolescente, el hábito de analizar cada experiencia importante: *ante cualquier dolor emocional, el análisis debe aplicarse hasta lograr mitigar o disolver el dolor.* La voluntad de comprender y desentrañar el dolor emocional es clave para superarlo, aunque ello exija en un primer momento encarar el mismo. La alternativa es la inundación emocional o la negación de las emociones, y ambas son tremendamente perjudiciales.

En el caso del desamor resulta útil intentar comprender que la ecuación, aparentemente fundamentada, que solemos hacer de forma casi automática entre amor romántico y autoestima, es errónea. Por las características propias del amor, amar al otro, o ser amado por alguien, tiene muy poco que ver con nuestra valía personal y mucho en cambio con la conexión, imaginaria o real, entre dos personas. El amor se parece más a una respuesta química instintiva que al resultado de una evaluación objetiva. Nuestra autoestima no debería depender de los vaivenes del amor romántico, que siguen su propia lógica.

En una sociedad obsesionada con la gratificación inmediata, esperamos resultados palpables de nuestras relaciones de amor. Sin embargo, no todas las relaciones amorosas culminan con la unión de las personas implicadas. A veces, aunque hayamos amado al otro de forma sincera, las circunstancias personales impiden esta unión y la única salida parece ser la separación. Para la persona que ama con pureza, sin expectativas rígidas, esto no tiene por qué considerarse un fracaso, a pesar de lo que pueda pensar el resto del mundo. El amor puede haber aportado una miríada de emociones positivas al que ha amado, y el cual es capaz de seguir su camino abierto al amor, sin resentimiento. Para quien puede aceptar la finalización del amor sin amargura la experiencia puede suponer autoconocimiento, mayor lucidez, la vivencia de emociones intensas, la conexión con otra persona y lo que el poeta libanés Jalil Gibran, en *El profeta*, describe como una transformación personal:

Cuando el amor os llame seguidlo,
aunque sus modos sean duros y escarpados.
Y cuando sus alas os envuelvan, dobleagos a él,
aunque la espada oculta entre sus plumas pueda
[heriros.

Y cuando os hable, creed en él,
aunque su voz pueda desbaratar vuestros sueños,
como el viento del norte convierte el jardín en
[hojarasca.

Porque así como el amor os corona, os crucifica.
Así como os hace crecer, también os poda.
Así como se eleva hasta vuestras copas y acaricia
vuestras más frágiles ramas que tiemblan al sol,
[también
penetrará hasta nuestras raíces y las sacudirá de su
[arraigo a la tierra.

Como espigas de trigo, os cosecha.
Os apalea para desnudaros.

Os trilla para libraros de vuestra paja.
Os muele hasta dejaros blancos.
Os amasa hasta que seáis ágiles,

y luego os entrega a su juego sagrado, y os transforma
en pan sagrado para el festín de Dios.
Todas estas cosas hará el amor por vosotros
para que podáis conocer los secretos de vuestro
[corazón
y con este conocimiento os convirtáis en un
[fragmento del corazón de la Vida.

Pero si vuestro temor os hace buscar sólo la paz
[y las mieles del amor,
entonces más vale que cubráis vuestra desnudez
y os apartéis de la senda del amor,
Para que entréis en el mundo sin estaciones,
donde reiréis, pero no todas vuestras risas,
y lloraréis, pero no todas vuestras lágrimas.

El amor sólo da de sí y no recibe sino de sí mismo.
El amor no posee y no quiere ser poseído.
Porque al amor le basta con el amor.
[...]

A menudo es el miedo a sufrir el que dispara todas las
alarmas y nos impide sacar partido de la parte más rica y
positiva de nuestras emociones, encerrándonos a causa de
lo que el ego percibe como una derrota y una humillación.
Cuando las personas aprenden a no confundirse con sus
emociones o experiencias negativas, sino a verlas como

acontecimientos potencialmente enriquecedores, como si de una prueba iniciática se tratase, aprenden a sacar partido a la vivencia intensa y comprometida de las emociones negativas.

VII

Emociones negativas y ego

«El joven de 16 años bajó la mirada y emitió un silbido largo y grave. "¿Será posible?", dijo mirando de nuevo de forma atenta a su profesor. "¿Todas las guerras de la historia son simplemente eso: amor y odio?". Silbó de nuevo, alucinado. "Millones de personas, bombas, terror, destrucción, refugiados... ¿son sólo emociones? ¡Todo el planeta flota en una masa de emociones!".»

JACOB NEEDLEMAN, *Schools with Spirit*

Tras la fachada de cada ser humano —la cara social más o menos hermética que presentamos al resto del mundo— hierve un mundo de emociones. En la juventud las emociones son intensas y se suelen expresar abiertamente. En la edad adulta aprendemos a moldear y controlar como podemos este sustrato emocional. El neurocientífico Richard Davidson, de la Universidad de Wisconsin, define las emociones como «el pegamento que cohesiona la personalidad humana». Hasta hace veinte años la ciencia consideraba las emociones un rango científico menor, simplemente porque eran difíciles de medir. Desde entonces, se ha avanzado a paso de gigante debido a las mejoras en las técnicas de neuroimagen, como la resonancia magnética funcional, la tomografía por emisión de positrones o las imágenes dependientes de los niveles de contraste en sangre y oxigenación, que permiten bucear en los rincones oscuros del cerebro donde residen las emociones y reproducen esquemas detallados de los circuitos neuronales que subyacen en las mismas.

Al amparo del desconocimiento científico, algunas tradiciones religiosas y sociales nos habían enseñado hasta ahora a temer nuestras emociones: se disparan con demasiada facilidad, nos hacen vulnerables a los designios de otras personas y pueden resultar dolorosas. Recientemente la ciencia ha revelado que, al contrario de lo que se creía, las emociones y la cognición están indisolublemente ligadas. Las emociones y los pensamientos se potencian y se nutren mutuamente. Sin embargo, tanto en los seres humanos como en el resto de animales, la conexión de la amígdala con la corteza (central de mando de nuestras capacidades cognitivas) funciona mucho mejor en una dirección que en la otra: principalmente son las emociones las que gobiernan nuestros pensamientos. Es el mar de emociones contenidas dentro de cada persona el que arrastra sus decisiones, deseos, proyectos y relaciones íntimas. Era fácil intuirlo: ya lo hizo Epicteto en el siglo I cuando afirmó: «... los pensamientos y las acciones brotan de una sola fuente, los sentimientos». Ante una emoción poderosa, la mente cede y obedece el influjo secreto que la invade. Sólo le queda encontrar buenas razones para justificar las emociones y contrarrestar con estrategias razonadas, si puede, su influencia magnética. Por ello resulta tan importante el desarrollo de la inteligencia emocional: si no comprendemos lo que sentimos y *por qué* lo sentimos, tampoco lograremos comprender por qué pensamos y actuamos de una determinada manera.

En muchas partes del planeta, sin embargo, las personas siguen obligadas a encerrar las emociones en la camisa de fuerza de férreas restricciones sociales y religiosas, para ocupar en la jerarquía social el lugar que se les ha asignado y comportarse de acuerdo a las normas impuestas por el sistema, en general al margen de sus propios deseos o necesidades. La cultura se infiltra «bajo la piel» y se convierte en un agente de la neuroplasticidad emocional, que arroja patrones concretos de reactividad emocional, experiencias subjetivas de emociones o la incidencia de determinados tipos de emociones. Por ejemplo, una prohibición cultural contra alguna forma extrema de manifestar una emoción puede alterar la forma de ver esta emoción, su frecuencia, sus circuitos neuronales y sus funciones sociales y personales, como se ha comprobado en estudios hechos a poblaciones chinas y americanas residentes dentro y fuera de Estados Unidos.

Los países occidentales, en cambio, no amordazan las emociones, sino que utilizan el potencial incontrolado de algunas emociones negativas —sobre todo el deseo codicioso y el miedo a la inseguridad— para hipotecar y lastrar a las personas con necesidades, a las que atan de pies y manos durante toda su vida. El comportamiento de la mayoría queda así encauzado por la búsqueda material del bienestar y de la felicidad a través de la acumulación de propiedades y bienes de consumo. El modelo consumista en el que estamos sumergidos se cimenta en los mecanismos que determinan las sensaciones de placer del cerebro:

sentimos la necesidad de repetir hasta la saciedad cualquier actividad que nos cause placer, como, por ejemplo, comprar compulsivamente para satisfacer deseos fugaces. Esta repetición causa adicción —un verdadero callejón sin salida— como consecuencia cada vez necesitamos una repetición más frecuente y más intensa de la actividad placentera para disfrutarla con la misma vehemencia.

En este escenario no se ha contado, sin embargo, con el poder destructivo de las emociones. Nos enfrentamos a cifras crecientes de enfermedades mentales, a olas de violencia y de inseguridad ciudadana y a un descontento generalizado por los problemas sociales y psicológicos que acarrean determinadas formas de vida en las sociedades de consumo. Podemos intentar reprimir las emociones negativas que generamos, pero las emociones reprimidas son una auténtica bomba de relojería. Un día, sin previo aviso, pueden estallar a través de la ansiedad y de la enfermedad. Resulta más eficaz modificar los entornos que generan el exceso de emociones negativas, aprender a gestionarlas con inteligencia y fomentar las formas de vida que producen emociones positivas.

LA REPERCUSIÓN DE LAS EMOCIONES EN LA SALUD MENTAL Y FÍSICA

«Las emociones juegan un papel importante en la regulación de los sistemas que afectan la salud», recuerda el doctor Davidson. Numerosos estudios relacionan determinadas emociones negativas con un sistema inmune debilitado y con ataques cardiovasculares. Por ejemplo, un estudio de la Universidad de Wisconsin del año 2002 demuestra que las personas con patrones cerebrales asociados a emociones positivas muestran las mejores respuestas a la vacuna contra la gripe. Según los responsables del estudio, dirigido por Richard Davidson, «... empezamos a vislumbrar el mecanismo que relaciona una disposición emocional positiva con una mejor salud».

Las emociones negativas, en cambio, repercuten en los accidentes cardiovasculares según asegura, entre otros muchos, un estudio publicado en la revista *Neurology* en 2004. Un 30 por ciento de los pacientes involucrados en este estudio confirmaron que habían sufrido fuerte ira, miedo, irritabilidad o nerviosismo a raíz de un estímulo desagradable dos horas antes de un ataque cardiovascular. El estudio detecta que a raíz de estos estímulos negativos las posibilidades de experimentar un ataque cardiovascular podrían aumentar hasta catorce veces durante las dos horas siguientes al estímulo.

Otro equipo de científicos británicos, dirigidos por el especialista Roberto de Vogli, analizó el caso de más de nueve mil individuos que completaron un cuestionario sobre los aspectos negativos de sus relaciones más íntimas. «Los resultados de nuestro estudio indican que las interacciones negativas en las relaciones íntimas incrementan el riesgo de incidencia de una enfermedad cardiovascular. El efecto es independiente de cualquier característica sociodemográfica, factores biológicos o psicosociales o comportamientos relacionados con la salud», comentan los autores en su trabajo. «Es posible que los aspectos negativos de las relaciones íntimas sean importantes para la salud porque activan emociones fuertes, como la preocupación o la ansiedad, con sus efectos fisiológicos consecuentes».

El estrés emocional continuado daña el cerebro. «El estrés agudo afecta el tamaño de las estructuras del cerebro, causa muerte celular y afecta distintas conexiones cerebrales», explica el catedrático de Psiquiatría de la Universidad de Wisconsin, Ned Kalin. «Cuanto más joven es el cerebro, más vulnerable es ante estas agresiones. Los eventos emocionalmente estresantes inundan el cerebro de cortisol, la hormona del estrés por excelencia. En dosis bajas esta hormona nos pone en alerta y organiza nuestro comportamiento para que seamos capaces de defendernos. Pero en grandes dosis nos deja agotados por el estrés, desorganizados, con poca capacidad de atención y deprimidos». La exposición frecuente al cortisol en la infancia también daña el hipocampo, una parte del cerebro que regula el humor y la memoria. Si se pregunta al doctor Kalin qué tipo de estrés hace más daño, contesta: «Un accidente de coche es malo, pero no tan malo como sentirse aislado y rechazado por el entorno. La falta de amor, de seguridad y de bienestar puede tener repercusiones muy notables». Los investigadores de la Universidad de Minnesota han comprobado que los niños de hasta 2 años de edad que no han desarrollado vínculos de apego seguros con sus madres sufren subidas de cortisol más elevadas que los demás niños, incluso durante eventos medianamente estresantes, como el momento de vacunarse.

La presencia del cortisol en el cuerpo no sólo causa un debilitamiento del sistema inmunitario y un deterioro en los reflejos cognitivos, sino que además tiene otras implicaciones muy graves. Así, por ejemplo, en los adultos se ha descubierto que el cerebro, gracias a su extraordinaria plasticidad, continúa generando neuronas a lo largo de toda la vida. Los niveles elevados de cortisol, sin embargo, dificultan o impiden este proceso regenerativo que los científicos denominan neurogénesis. Los niveles de cortisol se disparan ante el estrés crónico, que se define como la repetición de entre ocho y doce episodios de estrés diarios.

¿Parecen muchos episodios? El primer episodio de estrés suele desencadenarse cuando suena el despertador por la mañana, cuando antes de abrir los ojos ya estamos pensando en el esfuerzo y la responsabilidad del día que se presenta. Nos levantamos y preparamos apresuradamente a nuestros hijos para ir al colegio: ahí suele colarse el segundo episodio de estrés; el tercero acaece antes de llegar a la oficina, en el colapso del tráfico o mientras corremos por el andén del metro para enlatarnos en un vagón superpoblado de viajeros igualmente estresados. Apenas hemos empezado el día y ya contamos con tres episodios de estrés.

Dado lo anterior, no sorprenderá que se estime que en torno a una de cada tres personas sufre estrés crónico. Admitir y tolerar su presencia en nuestras vidas es muy peligroso, pues sus efectos son devastadores. El estrés envenena nuestra vida: debilita la salud, entorpece la mente y nos esclaviza en los confines fisiológicos y mentales de las emociones negativas. Además, resulta insidioso, porque a menudo nos acostumbramos a vivir sometidos a sus efectos agotadores y deprimentes, con lo cual la desilusión y la apatía se convierten en algo tristemente familiar en nuestra vida.

A medio plazo la comprensión de aquello que constituye buena o mala higiene cerebral será una herramienta potente para ayudar a las personas a evitar determinados desórdenes emocionales antes de que éstos se cronifiquen.

El doctor Davidson sugiere que la neurociencia afectará drásticamente la forma de enfocar las terapias psicológicas. «Dentro de cincuenta años la psicología será una ciencia básica para vivir. A los 6 años todos los niños podrán tener un pequeño escáner cerebral: les enseñas el dibujo de algo positivo y de algo negativo y ves como se activa su cerebro. Si no hay actividad en la parte positiva puedes diseñar una intervención, que puede ser tan sencilla como aconsejar a los padres formas de ser más positivos o enseñar al niño cómo romper patrones emocionales negativos».

De las cinco emociones básicas —la felicidad, la tristeza, la ira, el asco y el miedo— cuatro son emociones llamadas «negativas». El doctor Robert W. Schrauf, profesor asociado de Lingüística Aplicada de la Penn State University, explica que las personas no prestan demasiada atención a las emociones positivas porque en general éstas señalan que todo va bien, así que las procesamos más superficialmente. Las emociones negativas, en cambio, señalan que algo va mal y producen un ralentizamiento del procesamiento. Requieren más atención y detalle cuando pensamos y, por tanto, exigen más palabras. «Las personas en prácticamente cualquier cultura conocen más palabras para describir emociones negativas que positivas o neutras. La proporción es un 50 por ciento negativas, un 30 por ciento positivas y un 20 por ciento neutras», dice Schrauf.

Tendemos a fijarnos de forma detenida en las emociones negativas, más amenazantes, sin siquiera discutir su derecho real a ocupar los titulares de nuestras vidas. Tenemos un claro ejemplo de ello en la preponderancia de noticias negativas que ocupan los telediarios, día a día, sin suscitar apenas sorpresa o protesta en las audiencias resignadas.

Tras un informativo típico o al terminar de leer el periódico pareciera que nuestro mundo está prácticamente despojado de buenas intenciones, generosidad, amor o progreso. La mirada sesgada hacia lo negativo filtra la representación de la realidad. Lo negativo, para nuestras mentes humanas desconfiadas y temerosas, es mucho más contundente y ostensible que lo positivo.

Aunque a determinadas emociones las calificamos como «negativas» por su potencial destructivo, en realidad son emociones básicas para sobrevivir que también nos proveen de energía para enfrentarnos a obstáculos importantes. Uno de sus cometidos es protegernos de ciertas situaciones. Esto a veces puede ser un inconveniente.

Tomemos el ejemplo de un superviviente de los atentados de trenes de Madrid del 11 de marzo, que tuvo que pasar por encima de los cuerpos de muchos muertos calcinados para huir del tren siniestrado en que viajaba. A pesar de la tragedia siente alivio por haberse salvado. Pero al cabo de unos días se da cuenta de que cada vez que se acerca a una estación de tren siente ansiedad y miedo. Sus emociones se producen de forma inconsciente para avisarlo de que es peligroso acercarse a los trenes. Es una reacción adaptativa y biológica natural, una especie de mecanismo de supervivencia. Las emociones negativas tienen tendencia a crear este mecanismo de rechazo visceral ante una situación que ha provocado dolor.

En nuestra vida diaria esto tiene implicaciones concretas: el recuerdo negativo e inconsciente de un afecto, situación o lugar determinados puede contaminar nuevas situaciones que en principio no tienen por qué presentar los mismos peligros. Las emociones nos asaltan de manera brusca tras el recuerdo de una cara, un nombre, una ciudad. En el ejemplo anterior de los trenes ya no tienen por qué ser peligrosos, pero, por mucho que la persona traumada por el atentado comprenda racionalmente que no corre peligro objetivo en un tren, tiene que enfrentarse a un miedo inconsciente potente. En milésimas de segundo el estrés de las emociones se dispara e interrumpe nuestras actividades normales: la presión arterial y la coagulación sanguínea se disparan, se tensan los músculos, la actividad de las glándulas sudoríparas se acelera, crece el nivel de azúcar en sangre, la vejiga induce ganas de orinar, los órganos sexuales interrumpen la producción hormonal y las glándulas suprarrenales liberan la hormona del estrés. En este proceso fisiológico se generan las llamadas «hormonas del miedo»: la adrenalina, la noradrenalina y los corticoides.

El desgaste fisiológico y psíquico del temor que sentimos a raíz de estas asociaciones inconscientes es tan perjudicial como si la experiencia fuese real. Lo describe el científico Robert Sapolsky en su libro *Por qué las cebras no tienen úlceras*: los mecanismos fisiológicos del miedo sólo se activan en los animales cuando el peligro es real —en el caso de la cebra, cuando el león la persigue para matarla—. Entonces tienen justificación los potentes mecanismos fisiológicos y mentales que la cebra despliega durante los segundos o minutos que dura la caza, porque para la cebra es cuestión de vida o muerte.

En el caso de los humanos, sin embargo, el temor —a morir, a sufrir, a no llegar a fin de mes, a perder a un hijo, a ser abandonado, a ser despedido del trabajo...— puede atormentarnos y debilitarnos aunque no llegue nunca a concretarse. El único antídoto contra esta capacidad humana para imaginar lo mejor y lo peor —fuente en su vertiente negativa de tantos desajustes psicológicos y físicos que lastran nuestra vida diaria— es aprender a reconocer y gestionar las emociones negativas y sus señales fisiológicas.

También podemos utilizar conscientemente el potencial de la imaginación para generar sensaciones y emociones positivas. La imaginación puede ser una herramienta de relajación y bienestar. La relajación y la meditación son herramientas que resultan eficaces para muchas personas y que puede utilizarse al margen de cualquier creencia espiritual o religiosa. Son procesos que alivian la presión de los pensamientos, disminuyen la ansiedad y centran la atención en el momento presente. Sus efectos terapéuticos se han demostrado científicamente de forma clara: el latido cardíaco y la respiración se calman, el consumo de oxígeno desciende hasta un 20 por ciento, bajan los niveles de lactato en sangre (estos niveles suben por estrés y cansancio), la resistencia de la piel a las corrientes eléctricas es hasta cuatro veces más alta y se incrementa la actividad alfa del cerebro —estas dos últimas son señales de relajación fiables—.

«ETIQUETAR» LAS EXPERIENCIAS

Tendemos a etiquetar lo que nos rodea. Si algo o alguien nos parece agradable, sentimos apego; si nos parece desagradable, desarrollamos sentimientos de aversión, de ira o de odio; si nos parece neutro, no nos importará este objeto o persona o lo ignoraremos.

Este proceso de etiquetaje suele durar una fracción de segundo pero como resultado se crea una imagen mental estática del objeto o de la persona. Esta es la semilla del prejuicio: cuando etiquetamos algo como agradable o desagradable nos cuesta mucho cambiar de opinión. Transferimos entonces la cualidad de «bueno» o «malo» al objeto o a la persona como si fuese intrínseco a ellos. En general las etiquetas son subjetivas, una opinión de nuestra mente a partir de una reacción casi automática. Etiquetar es una forma cómoda de dividir lo que hay en el mundo entre seguro o inseguro. El problema surge si de verdad llegamos a creer que la realidad que nos rodea en función de estas reacciones semiinconscientes es inamovible. Si nos habituamos al etiquetado y nunca lo cuestionamos, reforzaremos las opiniones subjetivas y preconcebidas, abonando el terreno para el prejuicio, la desesperanza y el odio irracional.

Un cuento budista ilustra los peligros del etiquetaje y del prejuicio: «Un joven viudo, que amaba profundamente a su hijo de 5 años, estaba de viaje cuando unos bandidos quemaron su pueblo y raptaron a su hijo. Cuando el viudo regresó, contempló las ruinas del pueblo y sintió pánico. Vio un cuerpo calcinado y pensó que era el de su hijo. Lloró de forma inconsolable. Organizó la cremación del cuerpo, recogió las cenizas y las guardó en una bolsa de tela que a partir de entonces llevaba siempre consigo.

»Al poco tiempo, su hijo consiguió escapar de los bandidos y regresó al pueblo. Llegó a la nueva casa de su padre y llamó a la puerta. El padre seguía desconsolado. "¿Quién es?", preguntó. El niño contestó: "¡Soy yo, papá, abre la puerta!". Pero el padre, desesperado, convencido de que su hijo había muerto, pensó que el niño se burlaba de él. Gritó: "¡Vete!", y siguió llorando. Finalmente, el hijo se marchó y nunca volvió a ver a su padre.

»Dijo el Buddha: "En algún momento, en algún lugar, crees que algo es verdad y te aferras a ello de tal manera que, aunque la propia verdad venga a llamar a tu puerta, no le abrirás"».

Las respuestas automáticas tienen la capacidad de teñir nuestra forma de sentir el mundo. Ante una misma situación, puede variar de forma considerable la respuesta de una persona a otra. En un atasco, una persona puede perder los nervios o, en cambio, escuchar música y hacer algún ejercicio de relajación. La situación es la misma pero la respuesta es opuesta.

Estas reacciones internas a los eventos externos son las que determinan básicamente nuestro humor y nuestros sentimientos. Si etiquetamos una situación de manera inconsciente, pensaremos que es esa circunstancia lo que causa nuestro estado anímico. Pero en realidad es nuestra interpretación de la situación la que nos afecta anímicamente. Aprender a no identificarse con un problema o con una situación posiblemente conflictiva ayuda a mantener la calma en momentos difíciles. Somos en gran medida —al margen de los problemas de salud— responsables de cómo nos sentimos. Éste es un hecho importante, a veces difícil de aceptar, que nos impide trasladar la culpa de nuestras emociones negativas al mundo que nos rodea.

En este sentido, recuerda la escritora Lise Heyboer: «En el fondo de cada persona hay un lugar estable, seguro y tranquilo. A lo largo de la vida casi todos nos olvidamos de este lugar, donde habita la felicidad. Las cárceles existen, pero están fuera del lugar o jardín secreto de cada persona. Podemos ser prisioneros de opiniones, miedos, frustraciones y todo lo demás. Pero en cuanto abrimos la puerta del jardín, todo queda fuera».

FORMAS DE ENFRENTARSE A LAS EMOCIONES

La mayor parte de las formas de enfrentarse a las emociones que conocemos son negativas. El doctor Derek Milne, de la Universidad de Newcastle, las centra en torno a tres estrategias:

1. La resignación. Se trata de aceptar que nos hemos equivocado o que la vida está siendo dura y que nada se puede hacer excepto resignarse y aceptar el destino. Cualquier esfuerzo para mejorar la situación parece inútil y absurdo. La persona que se ha resignado atrae a veces cierta simpatía de su entorno porque parece que está luchando por ajustarse a la situación.

2. El escapismo. Se intenta escapar de los peligros, reales o imaginarios, de una determinada situación. Para evitar enfrentarse a cómo se siente, la persona se centra en ocupaciones y placeres alternativos (desde el alcohol y las drogas hasta el trabajo compulsivo, los viajes constantes o cualquier forma de distracción que les aparte de sus verdaderas preocupaciones).

3. El contraataque. Se tiende a negar los propios sentimientos pero, en vez de escapar de ellos, se vierte ira y malestar sobre los demás. La persona intenta controlar su entorno para protegerse de su visión subjetiva del mundo, que vislumbra como un lugar lleno de peligros, y culpa a los demás de las amenazas exageradas que percibe en el mundo

exterior. Al contrario del escapismo, en el contraataque, la persona expresa típicamente su malestar con el mundo de forma contundente o incluso agresiva, con la sugerencia implícita de que los demás deben «ponerse a la altura» de inmediato para solucionar los problemas generados.

De estas tres estrategias, la segunda —el escapismo— es la más popular. Existen muchas variantes de la estrategia de escapismo y huida: desde ignorar determinadas situaciones hasta minimizar aquellas otras que sí admitimos, pasando por distanciarse, retirarse o incluso la negación absoluta frente a una determinada situación. Como ejemplo en el ámbito de la salud física, el doctor Milne explica que el escapismo incluiría aceptar que una rotura de hueso marca el final de una carrera profesional de deportista. Así, estaría utilizando su lesión como un modo de escapar de su carrera deportiva, porque en el fondo quiere alejarse o hay algo que no se atreve a afrontar. Esta persona se retiraría o alejaría de los lugares y personas que formaban parte de su vida activa y aceptaría una actividad más limitada. Si los demás lo animasen a retomar su carrera, la respuesta incluiría variaciones sobre la negación de estas restricciones (por ejemplo, cambiando de tema de conversación o hablando de la dificultad en términos abstractos e intelectuales, y descolocando al otro interlocutor con datos y teorías abstractas).

Aunque el escapismo no suele ser positivo, a veces es conveniente adoptarlo durante un tiempo para poder desarrollar estrategias adaptativas con el fin de poder enfrentarse a una nueva situación traumática, pero tarde o temprano llegará el momento en el que tendremos que enfrentarnos a la pérdida o a la finalización de la situación para poder iniciar la transición. Cuando dejamos de evitar la realidad, comienza un periodo de desorientación y de confusión que preferiríamos evitar, pero este periodo de «sentirse perdido» es el paso previo y necesario para una transición exitosa hacia una nueva etapa de la vida.

LA FUNCIÓN DEL MIEDO, DEL DOLOR Y DEL EGO

Los pictogramas chinos que representan los conceptos de «oportunidad» y «amenaza» están contenidos en el pictograma del concepto de «crisis». Ante las situaciones difíciles el reto al que se enfrentan las personas es particularmente representativo de esta combinación: crisis y oportunidad. En muchos casos, sin embargo, las crisis se conjuran con el fantasma del miedo, inconsciente y sordo.

En general el miedo nos pone en guardia, automáticamente, frente a la posibilidad de cambio. Así, es probable que el miedo sea una de las reacciones automáticas más poderosas que impiden a las personas aprovechar las oportunidades y tomar las decisiones adecuadas. El temor a perder el control de nuestras circunstancias y de nuestra vida condiciona muchas reacciones emocionales negativas y dificulta la resolución creativa de los problemas.

Nuestros miedos no sólo suelen girar en torno a una necesidad exacerbada de seguridad, sino también en torno al rechazo al dolor. Éste, sin embargo, puede cumplir una función muy útil, pues incita, cuando no lo reprimimos, a la introspección. El dolor, cuando dispara el mecanismo de introspección, nos indica que estamos en un lugar o una circunstancia equivocados y nos ayuda a profundizar, a rectificar o a aprender.

No podemos evitar los reveses y las contrariedades de la vida. Sólo podemos responder ante ellos: aferrándonos al pasado y evitando lo desconocido, o desde el autocontrol y la fortaleza. Lo segundo no es cómodo ya que exige soltar el lastre de los apegos a la seguridad y al placer, así como la ilusión de permanencia.

En etapas sin sobresaltos, el ego —el conjunto de imágenes que tenemos acerca de nosotros mismos y de lo que creemos que deberíamos ser— actúa como estructura rígida que *garantiza* ciertos resultados si la vida transcurre de determinada forma. Esto resulta muy tranquilizador para casi todo el mundo. Cuando las circunstancias cambian, la incertidumbre, el miedo al ridículo o el miedo al dolor exacerban las defensas del ego, que se resiste a rectificar o a dejarse llevar por los acontecimientos. Cuando algo en el mundo externo se tambalea, el ego puede llegar a avasallarnos con sus miedos. El ego quiere controlar porque así es como se siente seguro.

El cambio, a pesar de su potencial liberador, constituye en uno de los miedos más frecuentes de la vida adulta. El cambio genera incertidumbre, y nos resulta difícil enfrentarnos a la vida sin la red de certezas en las que vivimos inmersos. En general no propiciamos los cambios sino que nos resistimos a ellos y cuando suceden lo hacen en contra de nuestra voluntad, por lo que se desencadena una espiral de resistencia, incertidumbre y miedo.

En las artes marciales los alumnos se entrenan para acostumbrarse al peligro, de tal forma que éste ya no suscite una respuesta anclada en el miedo. Deshacen, conscientemente, la conexión visual entre peligro y miedo. La mejor defensa surge entonces de la habilidad personal y de no permitir la interferencia inconsciente del miedo. Para ello, es necesario renunciar a las certezas, desnudar los temores, hacerlos visibles, indagar en las razones ocultas que los provocan. ¿Para qué tengo miedo a quedarme sin trabajo? ¿Está justificado ese miedo? ¿Qué o quiénes dependen de mi trabajo: mis hijos, mi hipoteca, mi prestigio social o familiar? ¿Qué me aporta, *realmente*, este trabajo? A veces ya no somos capaces de percibir ni de cuestionar aquello que creemos que sustenta nuestras vidas porque somos presas de nuestras emociones negativas.

Las emociones, tanto las positivas como las negativas, tienen una dimensión biológica. Nuestro cerebro responde a las emociones con hormonas y sustancias químicas que poseen un efecto fisiológico inmediato. Las emociones recurrentes, incluso las negativas, son similares a las adicciones: provocan unas sensaciones físicas concretas que crean dependencia. Algunas personas necesitan reproducir estas sensaciones de malestar y agresividad para enfrentarse a la vida diaria. Se identifican con un determinado perfil emocional que puede ser muy negativo.

Las emociones negativas nos aprisionan. Cuando sentimos emociones negativas hacia alguien, estamos atados a esa persona. Lo contrario del amor no es el odio ni el miedo, sino el olvido. Las emociones negativas son un obstáculo para la evolución y el crecimiento interior.

Las emociones negativas nos impiden pensar y comportarnos de forma racional porque nos hacen perder la perspectiva objetiva de las cosas, nos llevan a distorsionar la visión de la realidad. Cuando la ira, la tristeza o el miedo nos atenazan, vemos lo que *tememos* ver y recordamos lo que nos hiere. Prolongamos así la ira o el dolor, lo que dificulta recuperar la alegría de vivir. Cuanto más tiempo vivimos presa de nuestras emociones negativas, más se instalan en nuestra psique. Hunden raíces profundas en nuestro ser emocional y perpetúan situaciones y sentimientos que una buena inteligencia emocional nos ayudaría a dejar atrás conscientemente.

Edmund J. Bourne, quien fue director del Centro para la Ansiedad de San José y Santa Rosa, California, asegura que la seguridad y la estabilidad está relacionada con la conexión que siente la persona consigo misma, con los demás, con la comunidad, con la naturaleza...

Aunque podemos desarrollar un sentido de conexión con el mundo a cualquier edad, la adolescencia es una etapa clave para desarrollar el sentido de conexión con el mundo exterior que mantendremos a lo largo de nuestra vida adulta (en el capítulo IV, «El camino hacia la madurez», se sugieren formas concretas para ayudar a los adolescentes a desarrollar un sentido de conexión con el mundo). Muchas personas adultas, sin embargo, sólo consiguen crear este sentimiento de conexión a través de su rutina diaria. Cuando su rutina se tambalea lo viven como una amenaza potencial a su seguridad y bienestar. Ésta es una de la raíces de la ansiedad. Crear vínculos profundos, independientes de la rutina diaria, alejados de nuestros círculos habituales, ayuda a generar una sensación de seguridad y estabilidad que no depende del vaivén diario. Estas conexiones nos ayudan a integrar a los demás en nuestras vidas, en vez de sentirlos como diferentes o incluso incompatibles con nuestras necesidades materiales y emocionales.

Diferencias entre hombres y mujeres
en la expresión de las emociones

Ante determinadas reacciones emocionales masculinas, algunas veces me he preguntado si los hombres sienten con la misma intensidad que las mujeres. La respuesta es que sí lo hacen. Los estudios llevados a cabo por el doctor Gottman demuestran que, a pesar de que hombres y mujeres expresan las emociones de manera diferente, sienten de formas muy parecidas.

Simon Baron-Cohen, profesor de Psicología y Psiquiatría de la Universidad de Cambridge en Inglaterra, afirma que nuestros cerebros están estructurados de forma distinta: «El cerebro femenino está predominantemente codificado para la empatía. El cerebro masculino está sobre todo codificado para comprender y construir sistemas». Las mujeres son más hábiles para expresar sus emociones con palabras, a través de las expresiones faciales y del lenguaje corporal. Los hombres tienden a reprimirse en mayor medida y a querer ignorar sus sentimientos. Antes de la pubertad ambos sexos expresan sus emociones de una forma bastante similar. Pero a medida que los chicos maduran y que aumentan sus niveles de testosterona adquieren la habilidad de enmascarar sus sentimientos de vulnerabilidad, debilidad y miedo. Para la mayoría de los hombres ser consciente de sus emociones no implicaría desarrollar nuevas habilidades, sino simplemente concederse sentir lo que ya está allí.

Los diversos procesos o las diversas reacciones fisiológicas que denominamos emociones van evolucionando a lo largo de los años para ayudarnos a afrontar los retos de la vida. «Las emociones negativas —miedo, tristeza, ira— son nuestra primera línea de defensa contra las amenazas externas y nos conducen hacia los puestos de batalla —dice el psicólogo Martin Seligman en *La auténtica felicidad*—. El miedo es una señal que avisa de la cercanía del peligro, la tristeza es una señal que indica la pérdida inminente; y la ira advierte de que alguien está abusando de nosotros».

Durante miles de años los hombres tenían que abandonar a sus esposas e hijos durante largas temporadas para cazar o luchar. La capacidad de anular sus sentimientos les facilitaría la marcha y el éxito. Se trataría pues, de su herencia genética.

«Si las chicas quieren agradar, los chicos quieren ser respetados», afirma la antropóloga Helen Fisher, de la Universidad de Rutgers. La necesidad de respeto está en la base de la masculinidad. El hombre que no era respetado por sus compañeros no obtenía la oportunidad necesaria de participar en actividades exclusivas de los hombres, como la caza. Si no era un buen cazador capaz de ganarse el respeto de sus compañeros y de alimentar a su pareja, resultaba menos atractivo para las mujeres y era menos probable que pudiera reproducirse. Ésta es la razón por la cual algunos hombres, en situaciones extremas, preferirían la muerte al deshonor. Nuestras antepasadas, por otra parte, asumieron la responsabilidad principal de cuidar de los hijos. La capacidad de comprender las emociones de los pequeños era una gran ventaja para ellas.

En nuestro mundo moderno la necesidad masculina de dominar es cada vez más difícil de satisfacer. Según la doctora Fisher, «las tendencias hacia la descentralización, una estructura empresarial más horizontal, el trabajo en equipo, la transversalidad intelectual y la flexibilidad favorecen la forma de hacer negocios de las mujeres». Además, los hombres lo tienen cada vez más difícil para competir por los mejores puestos profesionales, dado el éxito con el que las mujeres se han incorporado a las estructuras académicas en los últimos años. Hay una tendencia, en este sentido, en conjunto, de mayor éxito en las mujeres que en los hombres.

Los neurocientíficos actuales creen que la sensibilidad interpersonal, un mosaico de aptitudes que denominan «habilidades sociales ejecutivas, o cognición social», reside en la corteza prefrontal, el área del cerebro localizada detrás de la frente. Una persona cuya corteza prefrontal funcione adecuadamente es consciente de los sentimientos de los demás, capta las expresiones emocionales y el lenguaje del cuerpo y es capaz de mantener buenas relaciones sociales. El neurocientífico David Skuse cree que las mujeres tienen más probabilidades que los hombres de adquirir la herencia genética para desarrollar estas habilidades sociales vitales. La razón, cree, reside en que un gen concreto o un conjunto de genes del cromosoma X influyen sobre la formación de la corteza prefrontal. Descubrió que este gen, o grupo de genes, está silenciado en el 100 por ciento de los hombres y activo en el 50 por ciento de las mujeres. Por lo tanto, prácticamente la mitad de las mujeres (y ningún hombre) posee la arquitectura cerebral necesaria para destacar en el juego social. Esto no significa que el otro 50 por ciento de las mujeres y la totalidad de los hombres no pueda aprender estas habilidades. Sólo significa que tienen que desarrollarlas de manera consciente.

Al transmitir nuestros sentimientos y compartirlos formamos un vínculo con otra persona. Ese vínculo es la base del amor. Sin embargo, el psicólogo Jed Diamond, en *El síndrome del hombre irritable*, asegura que muchos hombres están limitados en su capacidad de comprender sus sentimientos y, aún más, en su capacidad de expresarlos con palabras. El problema radica, en parte, en la resistencia que oponen muchos hombres a entrar en contacto con sus sentimientos y articularlos. Por las razones evolutivas anteriormente apuntadas, tienden a subrayar en exceso los sentimientos de ira y a negar los sentimientos de miedo y de tristeza.

Según el doctor William S. Pollack, profesor de Psicología de la Harvard Medical School, muchos hombres en nuestra cultura se ven limitados a un ámbito de tres sentimientos exclusivamente: la ira, el triunfo y el placer. Se trata de emociones esenciales para la supervivencia de las personas pero que sólo representan una parte pequeña del amplísimo repertorio emocional humano. El doctor Diamond afirma que este condicionamiento cultural hace que muchos hombres estén menos desarrollados emocionalmente de lo que podrían. No es la capacidad de sentir la que está mermada, sino la comprensión y la expresión de las emociones. Muchos hombres han desarrollado dos respuestas principales a los conflictos emocionales: para los sentimientos de vulnerabilidad —entre los que se incluyen el miedo, la vergüenza y el sentirse herido— a menudo utilizan el enfado a modo de respuesta masculina. Se trata de una reacción primitiva ante la sensación de vulnerabilidad en relación con el peligro y es un patrón emocional masculino bastante frecuente. Para los sentimientos de afecto —entre los que se incluyen el amor, la calidez, la conexión y la intimidad— los hombres suelen expresarse más cómodamente a través del sexo. Cuando aparecen dificultades en las relaciones íntimas, algunos hombres combinan reacciones de enfado con el deseo de sexo. Pero los enfados desmotivan a las mujeres, lo cual hace poco probable que obtengan una respuesta positiva.

LA INUNDACIÓN EMOCIONAL

Muchos hombres suelen sentir miedo, incomodidad o confusión cuando las emociones les desbordan. Esta desventaja emocional a menudo les lleva a evitar las relaciones. Cuando los hombres interceptan sus sentimientos —especialmente los más potentes, como el miedo, la ira, la tristeza o la ansiedad—, tienen más probabilidades que las mujeres de verse engullidos por estas emociones por su temor a perder el control. Cuando los hombres se cierran en banda y se niegan a hablar con la pareja, a menudo es por miedo a verse abrumados por sus emociones.

En general, esta dificultad para comprender y expresar las emociones puede superarse con una buena educación emocional. En este sentido, es importante en la educación emocional de los chicos enseñarles a comprender que la emoción no es debilidad (pues otra de las razones que explican la inhibición emocional masculina es que confunden ambas cosas).

Durante siglos las mujeres, apartadas de los círculos de poder donde los hombres competían, se refugiaron en un mundo privado centrado en las emociones. No obstante, a pesar de que pueda parecer que los hombres se llevaron la porción más grande del pastel en el reparto de funciones, el resultado no ha sido tan positivo para muchos hombres. La carga de determinadas limitaciones emocionales, ancladas en siglos de condicionamiento cultural y genético, ha pasado factura a generaciones de hombres que no han podido, o no han sabido, disfrutar plenamente de todas las facetas de la vida. Reconocer las limitaciones que supone cualquier condicionamiento significa que, de la misma forma en que la sociedad apoya a la mujer en el ejercicio de sus nuevas libertades, fomente también en los hombres el disfrute de un mundo emocional tradicionalmente ajeno a sus vidas.

El papel de los hombres en la sociedad está cambiando a pasos agigantados y requiere nuevas tomas de consciencia. Así como las mujeres están aceptando las responsabilidades que van aparejadas con la independencia integral, personal, emocional, social y económica, los hombres necesitan desarrollar su mundo emocional en un entorno comprensivo y sólido para poder soltar determinadas limitaciones y participar plenamente en relaciones de igualdad en el hogar y en el trabajo, y también para poder dar rienda suelta a la expresión libre y creativa de todo el potencial emocional humano que atesoran.

VIII

Emociones positivas e intuición

«En lo más profundo del invierno, al fin aprendí
que dentro de mí hay un verano invencible.»

ALBERT CAMUS

Una de las paradojas más curiosas —y cargadas de significado— de las emociones positivas es que para sentirlas hay que recrearse en ellas de manera deliberada. Así como las emociones y las experiencias negativas se graban a sangre y fuego en nuestro inconsciente para avisarnos y protegernos de forma automática de los eventos potencialmente peligrosos, no solemos prestar demasiada atención al procesamiento de las emociones positivas porque señalan simplemente que para nosotros «todo va bien».

Disfrutar de manera consciente de las emociones positivas requiere tomarse tiempo y poner la atención necesaria para saborearlas. Esto tiene implicaciones importantes para nuestra vida diaria: así como ser desdichado es un reflejo evolutivo innato, la conquista de felicidad requiere un esfuerzo consciente y continuado. La parte positiva de esta paradoja es que *podemos aprender conscientemente a ser más felices.*

La felicidad es un concepto complejo porque incluye todo tipo de emociones, algunas de las cuales no son necesariamente agradables o fáciles de vivenciar, como el compromiso, la lucha, el reto o incluso el dolor. Ello es así porque estas experiencias forman parte de la motivación y de la búsqueda de la felicidad, probablemente tan importantes, o incluso más, que el logro y la satisfacción de los deseos.

Cuando hablamos de las emociones positivas, no hablamos sólo de felicidad sino también de los diversos fenómenos que experimentamos en torno a este sentimiento: la alegría, la exuberancia, el humor y la risa, el optimismo... incluso la curiosidad, que fomenta la supervivencia en un ambiente extraño, forma parte del repertorio de las emociones positivas. Todas estas emociones, afirma el catedrático Keith Kendrick, del Gresham College, resultan tremendamente útiles para guiar nuestro comportamiento: funcionan como acicates porque su razón de ser desde un punto de vista evolutivo es incitarnos a conseguir metas agradables. Fomentan, por tanto, la repetición de los comportamientos necesarios para sobrevivir: «Necesitamos extraer la energía de la comida, tenemos que absorber líquidos a través de la bebida, y la reproducción sexual nos obliga a buscar una pareja y a mantener relaciones sexuales. Las emociones positivas hacen que estos actos repetitivos, necesarios para sobrevivir, resulten lo más agradables posible». Tal y como ocurre con las emociones negativas, las emociones positivas llaman la atención del individuo para que éste se fije y aprenda. Nos ayudan a evaluar y a decidir.

Kendrick recuerda que somos además una especie social y que los actos que se derivan de emociones positivas

—como sonreír y divertirnos juntos— consiguen unir a los individuos. Cuando una persona exhibe rasgos emocionales positivos, su presencia resulta contagiosa, y debido a ello el resto de los miembros del grupo también suelen mostrarse más positivos. Este *contagio* emocional se debe en gran parte a la acción de las neuronas-espejo, características del cerebro de los humanos y de algunos primates y que incitan a las personas a reaccionar ante cualquier emoción ajena con una emoción similar. Estamos programados para el contagio emocional. No se trata de un proceso intelectual, sino emocional: cuando vemos llorar a alguien, tendemos a *sentir* tristeza; cuando alguien es agresivo, nos contagia fácilmente su enfado. Y, al contrario, cuando una persona irradia buen humor o compasión, despierta instintivamente emociones positivas en los demás. Ahí radica, en parte, la explicación del contagio emocional en los grupos humanos. Se trata de una reacción instintiva, que experimentamos a diario sin ser conscientes. Cuando una persona matiza y controla sus emociones negativas y fomenta sus emociones positivas, no sólo se beneficia personalmente de sus esfuerzos, sino que actúa como un polo positivo en las emociones de los demás. Cada emoción tiene una repercusión sobre el mundo circundante.

CÓMO FUNCIONAN LAS EMOCIONES POSITIVAS: LOS CENTROS DE RECOMPENSA DEL CEREBRO

En la década de 1950 el psicólogo James Olds descubrió que existen partes arcaicas del cerebro que generan sensaciones agradables cuando son estimuladas. Aunque al principio los experimentos se llevaban a cabo en ratas, un neurocirujano llamado Heath experimentó colocando electrodos en las mismas regiones cerebrales —los centros de recompensa— de pacientes humanos. Cuando los electrodos estimulaban los centros de recompensa del cerebro, los pacientes reían, estaban alegres y sentían algo parecido a un orgasmo.

La corteza prefrontal es un centro de control de impulsos —controla todo tipo de emociones, no sólo las positivas—. También es crucial para el control cognitivo —en esta región las emociones y la cognición están solapadas y afectan a otras regiones cerebrales a través del neurotransmisor dopamina, lo que induce a los individuos a estimular esos centros de forma repetitiva para sentir placer—. El sexo y la música, entre otros, activan estos centros de recompensa de forma intensa. Los rastros de la felicidad se manifiestan en muchas áreas del cerebro, particularmente en la corteza frontal izquierda. Esto ha llevado a suponer que, al menos en los humanos, el lado izquierdo del cerebro es más determinante para controlar la felicidad, y el lado derecho para las emociones más negativas (las que tienden a generar depresión, ansiedad o miedo).

Al margen de la regulación fisiológica el perfil genético de las personas influye mucho en cómo se activan los sistemas de placer. Las personas que tienen personalidades más extrovertidas tienden a tener más sentido del humor y su corteza prefrontal se activa con fuerza cuando ríen y bromean con los demás. Las personas introvertidas, en cambio, parecen menos propensas a este reflejo.

Curiosamente, durante los estudios llevados a cabo por Richard Davidson, de la Universidad de Wisconsin, los mayores registros de felicidad fueron detectados siempre en monjes budistas que practican la meditación a diario. Se trata, evidentemente, de personas que han renunciado a aquello que casi todos perseguimos incansablemente en nombre de la felicidad: amor de pareja o amor romántico, dinero o posesiones materiales. Los investigadores destacan la asombrosa capacidad de los monjes para regular sus emociones y filtrar las emociones negativas —odio, envidia, ira...— hasta hacerlas, casi, desaparecer, concentrándose en las positivas. Esto es posible gracias a la gran plasticidad del cerebro, que con el entrenamiento adecuado puede lograr controlar las emociones más conflictivas. La posibilidad de domar nuestro lado oscuro no sólo favorecería las relaciones interpersonales y potenciaría nuestra capacidad para ser felices sino que además podría ser una de las soluciones más eficaces y sencillas para enfermedades tan debilitantes y con una incidencia tan creciente como la depresión. La felicidad, si nos entrenamos para ello, se convertiría así en una meta alcanzable.

Lo que también importa en este caso es darse cuenta de que todas estas emociones, positivas y negativas, están muy mezcladas en nuestro cerebro. Si aplicamos un estímulo caliente a un dedo y dejamos que el calor aumente, empieza siendo agradable, se torna desagradable y finalmente doloroso. El cerebro activa patrones que llegan a solaparse durante mucho tiempo en este proceso. Esto tiene implicaciones fascinantes: ambas, las emociones positivas y las negativas son dos caras de una misma moneda.

Las emociones positivas, en principio, son las que nos producen felicidad. Pero las emociones generan fácilmente otras emociones y se transforman de positivas a negativas, y viceversa, con relativa facilidad. Las emociones se alimentan a sí mismas y siguen vivas, aunque sea transformadas en emociones del signo opuesto: el amor puede generar compasión, ternura y alegría; o también desconfianza, celos e incluso odio. Por eso, a veces se afirma que lo opuesto al amor no es el odio, sino la indiferencia, ya que ésta es ausencia de emoción.

El quid de la cuestión radica en reconocer que no existen los estados emocionales neutros. Desde el punto de vista fisiológico y neurológico ninguna emoción es neutra. Las emociones nos afectan positiva o negativamente y con ellas conformamos el ambiente que respiramos en nuestras casas y en nuestros centros de trabajo.

En un discurso pronunciado en 1999 el premio Nobel Elie Wiesel, superviviente del holocausto, reflexionaba sobre las dimensiones reales de la indiferencia: «Por supuesto, la indiferencia puede ser tentadora o incluso seductora. Es mucho más fácil alejar la mirada de las víctimas. Es mucho más fácil evitar esas interrupciones groseras de nuestro trabajo, nuestros sueños, nuestras esperanzas. Resulta incómodo y molesto estar implicado en el dolor y la desesperanza de otro ser humano. Pero para la persona indiferente el vecino no tiene importancia. Su vida carece de sentido. Su angustia, visible o invisible, no le interesa. La indiferencia reduce al otro a una abstracción.

»Allí, tras las rejas de Auschwitz, los prisioneros más trágicos eran los llamados Muselmänner. Envueltos en sus mantas, estaban sentados o tumbados en el suelo, la mirada fija y ausente en el espacio, sin consciencia de dónde estaban o de quiénes eran, ajenos a su entorno. Ya no sentían dolor, hambre o sed. No temían nada. No sentían nada. Estaban muertos y no lo sabían. En cierto modo, la indiferencia al sufrimiento es lo que convierte al humano en inhumano. La indiferencia, después de todo, es más peligrosa que la ira o el odio».

¿PUEDE LA QUÍMICA HACERNOS FELICES?

¿Sería posible modificar los niveles químicos del cerebro para sentir siempre placer o felicidad? Sabemos que la dopamina es un neurotransmisor muy importante para los centros de recompensa; la oxitocina y la vasopresina son dos péptidos también claves para el control de los lazos emocionales y sociales, y para regular la ansiedad. Asimismo, las endorfinas cumplen una función en la consecución de estados placenteros.

El problema, recalcan los especialistas, es que si usamos una sustancia para manipular los sistemas de la dopamina o la endorfina se genera un alto grado de adicción. De entrada causa mucho placer, pero también afecta a los circuitos y a los receptores de estos neurotransmisores, por lo que se necesita regular periódicamente la dosis para conseguir el mismo nivel de placer. Ésta es la base de la adicción. Las anfetaminas y la cocaína, por ejemplo, afectan a la dopamina; y la morfina y la heroína afectan al sistema de las endorfinas.

No todo resulta adictivo: existen dos péptidos —la oxitocina y la vasopresina— que no forman parte de ciclos adictivos, y cuyos receptores también ejercen una gran influencia sobre los centros de recompensa del cerebro; concretamente podrían moderar la ansiedad y fomentar las emociones sociales. Aunque aún se están estudiando el funcionamiento exacto, los efectos y las maneras de ingerir y asimilar estos péptidos, ya sabemos que sus efectos en los circuitos cerebrales pueden ser intensos y duraderos.

La adicción, sin embargo, no surge sólo en el caso del consumo de drogas. El anhelo fuerte por algo proviene probablemente de los sistemas de dopamina que inducen placer. Esto nos lleva a querer conquistar determinadas metas y a sentir satisfacción cuando lo conseguimos. Pero, si sobreactivamos estos sistemas, decrece la capacidad habitual para sentir placer o satisfacción. Así se fomenta también el hábito adictivo, porque queremos volver a experimentar la sensación de placer y nos vemos atrapados en un engranaje que nos obliga a estimular los centros de recompensa para sentir placer, pero que nos impide, a riesgo de caer en la adicción, sentir placer de forma ininterrumpida. Las interrupciones de los estados de placer o de felicidad pueden resultar muy frustrantes para quien pretenda ser permanentemente feliz.

El neurólogo Joseph LeDoux, catedrático de Psicología en la Universidad de Nueva York, llama a esta búsqueda incesante de la felicidad humana «la tiranía de la felicidad»: «Creo que uno de los problemas que entraña el concepto de la felicidad es... que esa sensación de no poder salir a la calle y agarrar la felicidad hace sentirse mal a la gente. Una buena vida depende en cierta medida, inevitablemente, de las emociones negativas... Necesitas un contraste para poder disfrutar de una buena vida». Como observaba Aristóteles hace miles de años, el ser humano ha tendido siempre a perseguir la felicidad como una meta o un fin, como un estado de bienestar ideal y permanente a alcanzar (*cómo* lo hace, buscando la felicidad dentro o fuera de sí, por ejemplo, plantea otra controversia también inagotable). Lo que sabemos a ciencia cierta, sin embargo, es que no estamos programados, en cuerpo y mente, para ser constantemente felices (aunque el ejemplo de los monjes budistas prueba que sí podemos controlar los aspectos más conflictivos de nuestros instintos). La búsqueda de la felicidad tal vez no esté en el deseo y el anhelo de un placer estático sino en el equilibrio entre luz y oscuridad, positivo y negativo, una búsqueda permanente de formas nuevas y creativas de vivir.

ESTIMULAR LAS EMOCIONES POSITIVAS

Para lograr una vida rica en emociones positivas es necesario, pues, fomentarlas conscientemente. Para ello resulta necesario comprender que nuestras emociones dependen en gran parte del llamado sistema nervioso autónomo. Éste se divide a su vez en dos sistemas. El primero es el simpático, que a pesar de su nombre activa las emociones estresantes. Como vimos en el capítulo anterior que un exceso de estos estímulos emocionales estresantes resulta perjudicial para nuestra calidad de vida. El sistema parasimpático, en cambio, regula las sensaciones asociadas a la relajación. Cuando activamos conscientemente este sistema, compensamos los efectos estresantes inconscientes cuyo exceso nos agota y debilita.

Existen distintas formas de activar el sistema para-simpático: las recomendaciones habituales suelen centrarse en torno a la meditación, las relaciones amorosas satisfactorias, el contacto con los animales de compañía, las relaciones interpersonales basadas en la ayuda y la compasión y la práctica del ejercicio moderado. Todas ellas nos ayudan a fomentar estados de bienestar que refuerzan nuestra salud y nos proporcionan felicidad. Sea cual sea nuestra forma particular de fomentar las emociones positivas, lo importante es recrear conscientemente estados de regeneración para poder enfrentarnos sanamente a los retos estresantes de la vida diaria.

Para ello existen dos condiciones básicas: la primera es el autoconocimiento, que es la piedra de toque del manejo positivo de las emociones. A pesar de su importancia, debido a un enfoque educativo trasnochado, crecemos con un profundo desconocimiento de nuestra naturaleza emocional. Aprender a guiarse por el mundo emocional —es decir, desarrollar una mayor inteligencia emocional— es el primer paso para un mayor control y disfrute de la vida. La segunda condición es reconocer que el soporte fisiológico afecta de forma profunda a nuestra mente y nuestras emociones: una vida saludable requiere dormir las horas necesarias, llevar una dieta equilibrada y hacer ejercicio moderado. Aunque esto resulte muy evidente, en la práctica muchas personas no cumplen estas normas básicas. Un cuerpo cansado y maltratado, sin embargo, difícilmente puede albergar fuerzas y desarrollar recursos suficientes para fomentar las emociones positivas.

A continuación sugiero algunos ejes de renovación y fomento de las emociones positivas.

El *flow (fluir)*. El concepto de *flow*, acuñado por el psicólogo Mihalyi Csikszentmihalyi, describe el estado en el que la persona está tan absorta en una actividad que le produce gran satisfacción, que pierde la noción del tiempo y de cualquier estímulo externo. El *flow* es una vivencia intensa, pero controlable y no dolorosa.

Csikszentmihalyi asegura que es difícil ser felices sin alcanzar experiencias de *flow*, pero que estos estados de satisfacción profunda son relativamente fáciles de conseguir si elegimos objetivos claros y acordes con nuestras capacidades personales, que tengan cabida en nuestra vida cotidiana. La felicidad que da la experiencia del *flow* es más bien retrospectiva: la sentimos cuando salimos del estado de ensimismamiento y concentración del *flow*.

Csikszentmihalyi enumera las siguientes características de la experiencia de *flow* (aunque no todos son necesarios para experimentarla):

1. Tener metas claras. Las expectativas y las reglas han de ser nítidas y las metas deben ser realistas de acuerdo con nuestras capacidades y habilidades.

2. Una concentración intensa en un campo de atención limitado. La persona podrá así concentrar profundamente toda su atención y energías.

3. La pérdida de la autoconsciencia, al fundirse la acción y la consciencia.

4. Una noción del tiempo distorsionada —la experiencia subjetiva del tiempo se altera—.

5. Una retroalimentación directa e inmediata (captamos los éxitos y los fracasos durante el curso de la actividad, y nuestro comportamiento se ajusta a medida que se producen).

6. Mantener el equilibrio entre la habilidad y el reto (una actividad que no sea ni demasiado fácil ni demasiado difícil para el ejecutante).

7. Sentir que se controla la situación o la actividad.

8. La actividad es intrínsicamente gratificante, por lo que la acción para realizarla es fluida.

9. Cuando las personas están en el estado de *flow*, la acción se lleva a cabo sin esfuerzo y nuestro foco de consciencia se reduce únicamente a la actividad.

Fomentar la curiosidad. Estamos programados, como todas las especies, para sentir atracción por la novedad. Esta motivación innata por la novedad nos empuja a explorar e interactuar con nuestro entorno; así aprendemos a sobrevivir en él. La curiosidad es un antídoto contra la desesperanza y la depresión (ésta se caracteriza por el desinterés por el mundo exterior). Aunque tendemos a creer que aprender es una experiencia compleja que exige mucho esfuerzo, aprender no tiene por qué ser siempre doloroso o difícil si no oponemos resistencia al cambio y si lo acompañamos de sentido del humor y otras emociones positivas.

Desarrollar la creatividad. La creatividad es la capacidad o facilidad para inventar o crear. Es una de las estrategias fundamentales de la evolución natural porque estimula la resolución de problemas y fomenta la mejora del entorno.

Todas las personas nacen con una capacidad creativa que podría estimularse por la vía que mejor se adapte a sus cualidades e inclinaciones: artes plásticas, música, literatura, ciencia, manualidades, artes escénicas, gastronomía... Al desarrollar de la capacidad creativa la persona puede vivir el sentimiento de *flow*, fundamental para sentir conexión con el mundo exterior. De esta manera, la creatividad es también una importante fuente de comunicación con los demás.

Disfrutar conscientemente del momento presente. Resulta útil hacer frente de manera consciente a una tendencia escapista muy común: el deseo permanente de adquirir o probar cosas nuevas, que impide a menudo disfrutar del presente. Cuando las personas se centran en lo positivo que tienen en sus vidas, se serenan y consiguen disfrutar de lo que sí tienen. Ésta es una interpretación constructiva de la siguiente recomendación de muchas corrientes religiosas o filosóficas: «renunciar a los deseos». Estar presentes aquí y ahora requiere no proyectarse de forma constante en el futuro sino disfrutar, en cambio, a consciencia, de los aspectos positivos que nos rodean, que de otro modo se desperdiciarían por falta de atención.

Modificar deliberadamente nuestro entorno. Tenemos la capacidad de luchar de manera consciente contra el miedo atávico del humano al cambio, detectar qué eventos o personas nos hacen infelices y evitarlos deliberadamente. También podemos desaprender conductas y creencias que nos hacen infelices. Estas capacidades son una potente herramienta de cambio y de desaprendizaje en las vidas de los seres humanos.

El dinero no da la felicidad. A veces construimos nuestras vidas en función de mitos erróneos. La búsqueda del dinero suele ser uno de ellos. Sin embargo, los resultados de las investigaciones en este sentido son meridianos: si los ingresos de una persona no alcanzan el mínimo necesario para sobrevivir, el dinero influye poderosamente en su nivel de felicidad; pero en cuanto se sobrepasa dicho límite el impacto del dinero sobre la felicidad decrece de forma espectacular. Una visión consumista de la felicidad tiene dos escollos contundentes: a medida que incrementamos nuestra renta, necesitamos automáticamente aumentarla cada vez más para volver a sentir la misma felicidad o placer; y la tendencia de las personas a compararse socialmente con los demás crea una frustración que el dinero no puede paliar.

Fomentar el optimismo. El optimismo es una característica de la personalidad que tiñe nuestra interpretación de los acontecimientos. En general las personas optimistas esperan que el futuro les sea favorable. Este optimismo es útil, porque ayuda a las personas a enfrentarse a las dificultades con fortaleza, buscando lo mejor y más positivo de cada persona o situación. La persona optimista suele confiar en sus capacidades y en la buena disposición de los demás.

La persona optimista tiende a intentar encontrar la parte positiva de cualquier situación y busca soluciones para mejorar su vida. El optimismo repercute así en mayores posibilidades de éxito y disfrute personal y, a tenor de las investigaciones, en una vida más saludable: las personas con altos niveles de optimismo y esperanza tienden a salir fortalecidos y a encontrar beneficios incluso en situaciones traumáticas y estresantes.

Practicar el humor y la risa. El humor sirve como una válvula interna de seguridad que nos permite liberar tensiones, disipar las preocupaciones, relajarnos y olvidarnos de todo, afirma el doctor Lee Berk, profesor de Patología en la Universidad de Loma Linda, California, uno de los principales investigadores en el mundo sobre la salud y el buen humor. Según los estudios llevados a cabo por Berk, la risa es una herramienta curativa que fortalece el sistema inmunitario del cuerpo y reduce las hormonas que pueden causar tensiones.

La risa libera endorfinas conocidas como las *hormonas de la felicidad*, además de serotonina, dopamina y adrenalina. La explosión de carcajadas provoca algo muy parecido al éxtasis: aporta vitalidad —se activan muchos músculos antes inactivos—, y energía e incrementa la actividad cerebral. Es un estímulo eficaz contra el estrés, la depresión y la tristeza. Los niños están mucho más dispuestos a reírse que los adultos: un pequeño se ríe un promedio de 300 veces al día, mientras que un adulto lo hace entre 15 y 100.

Soñar. Kant afirma que cualquier tipo de pensamiento acerca de la naturaleza final de las cosas sólo puede hacerse por analogía. Joseph Campbell, el mejor especialista en mitos del siglo xx, asevera que el juego del *como si* libera nuestra mente del dogma que pretende conocer las verdades absolutas, y también nos libera de las limitaciones de la razón, cuyas leyes se aplican tan sólo en los límites conocidos de la experiencia humana: «... como en el juego infantil, donde no se tienen en cuenta las realidades banales de las reducidas posibilidades que ofrece la vida real, existe el impulso espontáneo del espíritu de identificarse con algo más allá de uno mismo, por el simple gozo de jugar, y éste transmuta el mundo —en el que, después de todo, nada es tan real, permanente, terrible, importante o lógico como parece—».

Fomentar activamente nuestra visión personal. Richard Boyatzis, unos de los mejores especialistas del mundo en inteligencia emocional y catedrático de la Case Western Reserve University, Ohio, habla de la distancia que la educación y el estrés crean entre nuestro ser ideal (el que alberga nuestro mejor potencial y nuestros sueños) y nuestro ser real (aquel en el que nos convertimos a medida que asumimos las expectativas de los demás y nos adaptamos a las limitaciones de la vida real). El reto consiste en evitar que estos dos seres se distancien demasiado. Para ello, Boyatzis recomienda una serie de ejercicios prácticos para plasmar en la vida real sueños y aspiraciones.

Convivir con las limitaciones y las restricciones. La obstrucción y la frustración dificultan o anulan las posibilidades de salir de una determinada situación. Si uno se mantiene a una distancia prudencial de un problema, sin llegar a confundirse con él, resultará más sencillo mantener la calma y utilizar las oportunidades que se presenten para resolverlo.

Para enfrentarse a cualquier cambio suele ser necesario aceptar que no todos los sentimientos, ni los propios ni los de los demás, serán positivos. Esto implica el desarrollo de cierta tolerancia frente a la frustración y los reveses para aceptarlos como parte integrante de la vida. Los reveses sólo son verdaderamente problemáticos cuando la persona no consigue utilizarlos de forma positiva, por ejemplo para detectar o cambiar aspectos de su vida que no le hacen feliz, y le mantienen en situaciones negativas sin salida.

La intuición

«... Cuando ante ti se abran muchos caminos y no sepas cuál recorrer, no te metas en uno cualquiera al azar: siéntate y aguarda. Respira con la confiada profundidad con que respiraste el día en que viniste al mundo, sin permitir que nada te distraiga: aguarda, y aguarda más aún. Quédate quieta, en silencio, y escucha a tu corazón. Y cuando te hable, levántate y ve donde él te lleve». (Susana Tamaro, *Donde el corazón te lleve)*

El psicólogo Jean Piaget aseguraba que empezamos la vida siendo niños intuitivos y que nos convertimos en adultos analíticos. Otros investigadores proponen en cambio que el estilo analítico es dominante durante la infancia y la adolescencia. Con la madurez y la acumulación de experiencias, el pensamiento intuitivo es cada vez más prominente. Tomamos decisiones al margen de los detalles anecdóticos que podrían distraernos y filtramos los datos a través de nuestras vivencias, nuestras emociones, nuestros valores y otros factores. Así, la tendencia a tomar decisiones de forma intuitiva crecería con la edad.

Las personas que conocen y confían naturalmente en sus sentimientos saben que éstos son una guía infalible para elegir o desechar los distintos elementos que componen sus vidas. Para quienes no han perdido la confianza natural en sus sentimientos, ser fieles al propio ser en momentos convulsos de cambio y dificultades ofrece una brújula y facilita la resolución de los problemas en una dirección coherente. La intuición, esa capacidad instintiva para elegir nuestro camino, es una guía muy segura cuando está anclada en patrones emocionales sanos y acordes con nuestra forma de ser y de sentir. Mantener los ojos enfocados en una visión —una persona, una forma de vida, unas prioridades meridianas— significa poder avanzar hacia la vida que deseamos y que encaja mejor con nuestro potencial.

Si, por el contrario, nuestro ser emocional está cargado de normas inflexibles, ya no hablamos de intuición sino de habituación y etiquetado. Con dichos recursos se describe el mundo de acuerdo a una serie de prejuicios que nos llevan de forma automática por un camino inflexible. Transformamos así la herramienta de la intuición en una rígida estructura que reacciona en milésimas de segundos y carga a la persona con decisiones y prejuicios automáticos y dañinos. La peor cárcel puede ser esta forma rígida de juzgar el mundo, que nos impide percibir nuestras propias necesidades.

Para desarrollar la intuición es necesario escuchar, ralentizando el ritmo cuando sea necesario para reconectar con las necesidades y prioridades reales de uno mismo.

EMOCIONES-CHOQUE Y EMOCIONES-CONTEMPLACIÓN

La denominación de emociones-choque y emociones-contemplación, del profesor francés M. Lacroix, es interesante porque distingue entre dos formas muy diferentes de entretenimiento y de cultivo mental. La primera, muy corriente en nuestra sociedad, se basa en la conmoción violenta, que genera sensaciones inmediatas por su crudeza o bien el estímulo se suministra con una repetición adictiva.

Este tipo de emociones-choque no requieren un esfuerzo por parte del espectador, que se somete pasivamente a estímulos de rápida recompensa. Las emociones-contemplación, en cambio, requieren una interacción activa y personal entre el estímulo y la persona que lo recibe, y conforman un bagaje cultural y estético para el que las disfruta.

Las emociones-choque se generan con los estímulos presentes en las discotecas, las atracciones de ferias, los juegos de videoconsola, la crudeza de los reality shows... Producen emociones efímeras y dopantes y matan la sensibilidad. Un adolescente que mira la televisión una media de tres horas al día —una media habitual en Europa— habrá visto cuarenta mil asesinatos y tres mil agresiones sexuales. Como no es capaz de asimilar tanta agresividad, desconecta y se torna más pasivo, con lo cual disminuye su capacidad de sentir empatía por la realidad que lo rodea.

Las emociones-contemplación, en cambio, se generan al escuchar un concierto, al leer poesía, al meditar, al soñar, en contacto con la naturaleza, a través del deleite estético... Su cultivo produce sentimientos y vivencias internas que son recuperables cuando se las necesita. Son la base de una auténtica educación emocional. Sin embargo, cada día resulta más difícil educar para las emociones-contemplación, en parte porque presuponen tiempo y dedicación (exigen ralentizar el ritmo), y porque su disfrute requiere una sensibilidad y una capacidad de abstracción que a menudo está embotada por el consumo masivo de emociones-choque.

La gestión de las emociones

Este test, cortesía del psiquiatra Raj Persaud describe un aspecto muy importante de la personalidad.

Marque en un tiempo corto la respuesta —A o B— que le parezca que encaja mejor con su forma de ser.

1. Tengo más probabilidades de decir algo inapropiado durante una conversación que la mayoría.
    Estoy de acuerdo (A).
    No estoy de acuerdo (B).

2. Me resulta fácil levantarme por las mañanas.
    No estoy de acuerdo (A).
    Estoy de acuerdo (B).

3. Algunas cosas son realmente malas para mí, pero si son divertidas vale la pena hacerlas.
    Estoy de acuerdo (A).
    No estoy de acuerdo (B).

4. Cuando decido algo importante, no cambio de opinión.
    No estoy de acuerdo (A).
    Estoy de acuerdo (B).

5. Suelo comprar cosas que luego no utilizo.
    Estoy de acuerdo (A).
    No estoy de acuerdo (B).

6. Mis amigos y mi familia saben que no guardo muy bien los secretos.
    Estoy de acuerdo (A).
    No estoy de acuerdo (B).

7. En general entrego los trabajos o preparo los exámenes en el último minuto.
    Estoy de acuerdo (A).
    No estoy de acuerdo (B).

---

8. Mi dieta es menos sana de lo que suele ser habitual.
Estoy de acuerdo (A).
No estoy de acuerdo (B).

9. Tengo fama de no ser demasiado paciente con las personas que me irritan.
Estoy de acuerdo (A).
No estoy de acuerdo (B).

10. Interrumpo a la gente aunque les cueste mucho expresarse.
Estoy de acuerdo (A).
No estoy de acuerdo (B).

Sume el número total de respuestas A y el número total de respuestas B.

June Tangney, catedrática de Psicología de la Universidad de George Mason, Virginia, publicó una versión más larga de este test. El test mide la capacidad de controlar nuestras emociones, es decir, nuestro autocontrol. Cuantas más respuestas B haya sumado en el test, mayor control emocional demuestra. Esto plantea una pregunta interesante: ¿para qué sirve el control emocional?

Los distintos estudios llevados a cabo en todo el mundo arrojan conclusiones muy similares: el autocontrol es uno de los indicadores más certeros del éxito en la vida de una persona. Las personas con capacidad de autocontrol serán capaces de gestionar sus emociones, serán mejores estudiantes, controlarán mejor sus impulsos, serán capaces de seguir una dieta, no beberán de forma excesiva, podrán ahorrar, tendrán menos probabilidades de sufrir enfermedades mentales, tendrán más autoestima y mantendrán relaciones personales más estables (entre otras razones, probablemente sean capaces de resistirse a la infidelidad). El autocontrol, afirma el doctor Persaud, es una herramienta muy poderosa porque ayuda a las personas a conseguir sus metas.

Su siguiente pregunta resulta también interesante: ¿Se puede tener *demasiado* autocontrol? A pesar de lo beneficioso que puede resultar el ejercicio de un cierto control emocional, psicólogos y psiquiatras advierten del peligro que representa un autocontrol exagerado. Hay tareas sencillas, como hacer la cena, que pueden acabar agotando a un perfeccionista y hacerle perder de vista su meta real: alimentar a los suyos eficazmente sin perder más energía de la necesaria para que su vida no se resienta por un esfuerzo excesivo. En algunas situaciones el control emocional puede despojar de muchos atractivos a la vida: por ejemplo, un enamorado con un control emocional férreo podría renunciar a disfrutar de una relación amorosa si ésta no cumple determinadas expectativas o se le infunde miedo a perder el control de sus emociones. El autocontrol, en este caso, lo estaría tornando demasiado rígido. «El verdadero control emocional», apunta el doctor Persaud, «implica la flexibilidad de adaptarse a la situación y al entorno».

A pesar de los peligros del autocontrol excesivo, las investigaciones de la doctora Tangney son muy claras: cuanto más alto se puntúa en control emocional, más fácil y exitosa resulta la vida. No parece que un autocontrol excesivo afecte negativamente al éxito de un individuo.

Siendo esto así, ¿por qué no nos ha dotado la naturaleza de un autocontrol emocional férreo? ¿Por qué hay tantos casos de personas que pierden los nervios hasta el punto de hacer cosas muy graves? ¿Por qué existen los desórdenes alimentarios como la bulimia y problemas de control de impulsos en el comportamiento, como el alcoholismo? Los psicólogos Darya Zabelina, Michael Robinson y Cali Anicha, de la Universidad de Dakota del Norte, sugieren la siguiente respuesta a partir de sus investigaciones: aunque el control emocional está relacionado con el éxito, los amigos de una persona con mucho autocontrol tienden a describir a esta persona como eficaz y equilibrada, pero algo inexpresiva y poco espontánea. Los individuos que ejercen un control emocional alto suelen contar con menos afecto en su vida. En otras palabras: el control emocional excesivo puede hacer a las personas menos atractivas para los demás y suele implicar un disfrute más limitado de las emociones y de los afectos. Zabelina propone como ejemplo al personaje del Dr. Spock, de *Star Trek*. Los humanos lo aprecian porque les soluciona muchos problemas y los saca de apuros, pero nadie quiere ser como él a pesar de las ventajas que tiene su perfecto —e inhumano— autocontrol. Spock, en cambio, anhela dotarse de los sentimientos y las emociones de los humanos aunque éstos lo hagan más vulnerable a los errores. Las emociones pueden doler y nublar el sentido pero hacen a las personas únicas e irrepetibles y, a veces, muy atractivas.

La resiliencia, una forma creativa de gestión emocional

Mediante el término resiliencia se pretenden explicar los numerosos testimonios vitales de personas de todas las edades que han logrado, a pesar de circunstancias vitales adversas o incluso dramáticas, seguir viviendo con fortaleza y coraje. El psiquiatra francés Michel Manciaux, especialista en resiliencia afirma: «Todos conocemos niños, adolescentes, familias y comunidades que *encajan* conmociones, pruebas y rupturas, las superan y siguen viviendo —a menudo a un nivel superior— como si el trauma sufrido y asumido hubiera desarrollado en ellos, a veces revelado incluso, recursos latentes y aun insospechados». Se trata de personas que en principio y de acuerdo a las reacciones de la mayoría deberían haberse tornado desconfiadas y resentidas o haber enfermado ante determinadas desgracias y traumas personales; pero, en cambio, parecen capaces de utilizar sus experiencias emocionales para fortalecerse y transformarse.

Esta capacidad de resistencia a la adversidad se consideró durante mucho tiempo como una respuesta extraordinaria e incluso patológica, procedente de una ausencia de empatía debido a alguna enfermedad psicológica, pero las investigaciones revelan ahora que la resiliencia es una respuesta más común de lo que se pensaba y que no implica patología alguna, sino, al contrario, un saludable ajuste ante los reveses de la vida y la capacidad para dejarse abrumar por las emociones negativas y estresantes. El estrés continuado, en la mayor parte de las personas, provoca una respuesta defensiva, limita las capacidades cognitivas y dificulta la resolución de conflictos. Las personas resilientes parecen capaces de lidiar con más templanza con los elementos estresantes y de controlar más eficazmente sus reacciones instintivas de miedo y autoprotección para encontrar una solución a los conflictos.

La resiliencia puede considerarse una forma de autocontrol creativo porque implica coraje para superar la adversidad y el sufrimiento sin renunciar a convivir con las emociones de forma intensa y libre.

Las experiencias estresantes, en las personas resilientes, no arraigan en patrones emocionales negativos que les impidan arriesgarse, en el futuro, a exponerse a situaciones donde puedan sentirse vulnerables. Estas personas mantienen la capacidad, a pesar de sus experiencias negativas pasadas, de confiar en que la vida pueda irles mejor en el futuro y se arriesgan a sufrir. Los investigadores creen que esto podría deberse a que las personas resilientes tienen la sensación de que pueden controlar los acontecimientos que les acaecen y a que son además receptivas a los cambios (les producen menos temor que a la mayoría de las personas porque aceptan que forman parte de la vida y que entrañan aspectos positivos). En general suelen ser personas que destacan por su sentido del compromiso, su madurez emocional, un buen nivel de autocontrol y el deseo y la capacidad de enfrentarse a los retos aun cuando éstos sean de signo negativo, porque los perciben como parte natural de la vida y fuente de aprendizaje y de transformación.

IX

El adulto libre: el desaprendizaje

«Serás libre, no cuando tus días no tengan
preocupaciones ni tus noches penas o necesidades,
sino cuando todo ello aprisione tu vida y, sin embargo,
tú logres sobrevolar, desnudo y sin ataduras.»

JALIL GIBRAN

Lo que se trae a la consciencia puede curarse o desprogramarse. Lo que se queda en el inconsciente nos ata sin remedio.

El inconsciente se forma con las capas de sedimento de las experiencias, los aprendizajes, las emociones y los recuerdos que van conformando los cimientos de la consciencia. Resulta más difícil librarse de estas capas del inconsciente que de las emociones conscientes que vivimos a diario, porque aquéllas se han acumulado a lo largo de mucho tiempo, tanto que hemos olvidado su origen. La emoción del momento puede reprimirse, pero el inconsciente sigue dictando de forma silenciosa nuestro comportamiento, como una hoja de papel que ha permanecido enrollada durante largo tiempo: podemos alisarla con la palma de la mano, pero, en cuanto la soltamos, vuelve a enrollarse.

Sócrates recomendaba a sus discípulos el trabajo de anamnesis, un diálogo con uno mismo para recordar y acceder así a la verdad oculta tras el olvido. Siglos más tarde el trabajo individual con la mente y con las emociones sigue siendo necesario para llegar a la raíz de nuestras inclinaciones, analizarlas y empezar a deshacerlas si es necesario. Es un proceso lento, que exige dedicación, sobre todo en las fases iniciales cuando tenemos que reconsiderar, poco a poco, cada creencia y prejuicio. Este proceso de limpieza es parecido al que un buen jardinero lleva a cabo en el jardín: para que las flores puedan lucir en todo su esplendor, quitamos las malas hierbas y sembramos en primavera; en invierno podamos los árboles y plantamos; en primavera segamos, en verano regamos. Nuestras emociones y nuestra mente exigen un trabajo de mantenimiento: recordar, desbrozar, descubrir, añadir, plantar y alimentar.

Este trabajo de mantenimiento nos llevará a descartar viejas creencias y actitudes, a fortalecer otras y a descubrir nuevas formas de pensar y de sentir. El escritor Alvin Toffler dijo: «... en el futuro, la definición del analfabetismo no será la incapacidad de leer, sino la incapacidad de aprender, desaprender y volver a aprender». Durante este proceso aprenderemos, y también desaprenderemos, aquello que representa un obstáculo en nuestra vida.

Bertrand Russell, uno de los intelectuales más influyentes y carismáticos del siglo XX, cuenta en su *Autobiografía* que la Universidad de Cambridge, Reino Unido, el lugar donde pasó los años más felices de su vida, «fue importante para mí porque allí trabé amistades y descubrí la experiencia de la discusión intelectual. Pero no fue importante por la instrucción académica. Dediqué muchos años posteriormente desaprendiendo los hábitos de pensamiento que adquirí allí. El único hábito de pensamiento valioso que aprendí en la universidad fue la honestidad intelectual. Esa virtud la tenían no sólo mis amigos, sino también mis profesores».

Deberíamos exigir por encima de todo a nuestro sistema educativo —escuelas y universidades— que enseñen el mecanismo que desarrolla la honestidad intelectual: la capacidad para cuestionar cada *a priori*, de mirar críticamente, de no perder la objetividad, de ser capaz de escuchar y analizar todas las facetas de una experiencia, de aprender y de desaprender. Este es un hábito intelectual imprescindible y básico para el desarrollo intelectual y emocional de las personas. La honestidad intelectual nos obliga, tarde o temprano, a reconsiderar buena parte de las verdades —supuestas verdades— aprendidas en el hogar de nuestros padres y en el mundo exterior, las cuales crean un caparazón emocional y mental que nos impide a menudo dirigirnos hacia donde realmente desearíamos ir.

Muchas personas pasan su vida entera al dictado de las verdades de los demás y al final pierden la capacidad de saber quiénes son ellas realmente y qué desean aportar al mundo. No son ya capaces de escuchar lo que les dicta el corazón y la intuición. Viven de acuerdo a criterios prestados, algunos de los cuales son bienintencionados pero otros muchos responden descaradamente a intereses sociales y económicos. Han sido entrenadas desde la infancia para aprender sin cuestionar.

EL CONDICIONAMIENTO

A principios del siglo XX el psicólogo conductista Edward Lee Thorndike hizo experimentos con gatos sobre el llamado condicionamiento operante. Enjaulaba un gato hambriento y lo recompensaba con comida si éste lograba escapar de la jaula. Calculaba cada vez cuánto tiempo tardaba el gato en escapar y con qué habilidad lo hacía. Al principio el gato era lento y encontraba la salida de la jaula por una mezcla de casualidad y exploración, pero al cabo de un tiempo se volvía hábil y lograba salir de la jaula para comer sin dificultad. Estos experimentos fueron la base de lo que se llama la curva de condicionamiento. El gato aprendía, a través del condicionamiento, a encontrar la comida con seguridad y rapidez. Ésa es una ventaja indudable del condicionamiento para el gato.

Entonces Thorndike empezó a poner la comida en otro lugar, con una trampa, o en una jaula para entrar a la cual el gato necesitase cierta creatividad o suerte para penetrar. Esta vez el gato solía ceñirse a la técnica anterior, convencido de que tarde o temprano encontraría la comida, condicionado por su experiencia pasada. La salida le resultaba así más difícil, pues al principio empleaba mucho tiempo intentando salir de la jaula sin cambiar sus hábitos.

A menudo los humanos reaccionamos de forma muy parecida —encerrados en patrones fijos, automáticos, y no reaccionamos cuando con estos patrones no conseguimos los resultados esperados—. Nuestros condicionamientos nos obligan a vivir en un habitáculo mental desde el que ni siquiera podemos imaginar una visión del mundo diferente a la percibida desde nuestra jaula. Nos adaptamos tanto a nuestras restricciones que ya no somos conscientes de ellas. Estamos condicionados por nuestro entorno físico, por nuestros patrones emocionales y por las estructuras sociales que nos rodean. El condicionamiento suele consolidarse al ver a los demás vivir: nos empapamos de sus costumbres y de sus acciones inconscientes. Es un reflejo automático que resulta útil para poder vivir en sociedad o trabajar con otras personas porque nos permite desempeñar nuestros cometidos diarios de forma casi automática, sin malgastar energía. Sin embargo, puede convertirse en un obstáculo en la resolución creativa de problemas.

Si desarrollamos un deseo consciente de explorar las posibilidades que existen fuera de nuestra forma de pensar condicionada, afirma el doctor Prasad Kaipa, especialista en innovación empresarial, surge una tensión creativa entre nuestro deseo de cambio y nuestra resistencia (así llamamos al miedo a lo desconocido que frena nuestras posibilidades de comprensión y de cambio). Esta tensión creativa puede abrir puertas mentales y emocionales que habían estado cerradas y que permiten acceder a un nivel de consciencia y una visión panorámica más amplias de la vida y de nuestras circunstancias personales, que nos permiten vislumbrar dimensiones vitales ocultas hasta entonces.

Cuando alcanzamos la edad adulta, en algunos ámbitos básicos se esconden los prejuicios acumulados que nos condicionan. Entre ellos destacan, por una parte, los recuerdos dolorosos y el consiguiente miedo a sufrir y, por otra, la presión social, que podría denominarse el *ego colectivo*.

LOS RECUERDOS DOLOROSOS Y EL MIEDO A SUFRIR NOS CONDICIONAN

El miedo es uno de los factores clave del condicionamiento. Como hemos visto, el condicionamiento da sensación de seguridad porque crea una estructura para desempeñar la vida diaria que en principio responde a nuestras necesidades. Pero, si cambian nuestras necesidades o cambian las circunstancias que crearon el condicionamiento, el patrón en el que nos habíamos estancado ya no nos resulta útil. El miedo es la respuesta automática ante la incertidumbre; produce una fuerte resistencia al cambio. A menor incertidumbre, menor miedo. Por eso, normalmente intentamos mantener nuestras incertidumbres al mínimo, a costa de encerrarnos en vidas monótonas.

Si decidimos enfrentarnos al miedo y a la resistencia al cambio, luchamos contra nuestro inconsciente y nuestros condicionamientos. Una de las razones que explica la dificultad para desprogramar los circuitos del miedo es que las conexiones neuronales que van de la corteza hacia la parte inferior de la amígdala —donde se asienta el miedo— están menos desarrolladas que en el sentido contrario. Es decir, nuestras respuestas emocionales son automáticas, sin necesidad de pasar por la consciencia. Este atajo emocional del miedo es difícil de reprimir, sobre todo cuando los marcadores somáticos —es decir, el repertorio de recursos emocionales a lo largo de la vida— están programados con una carga innecesaria de emociones negativas. Las respuestas automáticas de las emociones pueden convertirse así en un obstáculo de cara a buscar soluciones creativas en las diversas etapas de la vida, como si en realidad nos enfrentásemos a una infelicidad programada.

Como dice el filósofo francés Jean-François Revel, en el libro de diálogos que compartió con su hijo, el monje budista Matthieu Ricard titulado *El monje y el filósofo*, todos conocemos a alguien que responde, en mayor o menor medida, al siguiente patrón: una persona, en apariencia inteligente y racional, pasa por determinadas situaciones en las que fracasa repetidamente. Empieza un proyecto personal o profesional y justo cuando parece que está a punto de conseguir el objetivo que se habría propuesto comete un error tan grave que se estrella. Resulta incomprensible desde un punto de vista racional. Parece como si abortase sus proyectos de forma deliberada a pesar del sufrimiento que ello conlleva.

Un psicoanálisis investigaría las raíces familiares de este sujeto: tal vez un conflicto en la infancia con la madre haya creado un mecanismo inconsciente de autodestrucción en el ámbito que más pudiese molestarla bien para llamar su atención o bien para castigarla por el conflicto. La sensación de estar privado de algo —de la aprobación o del amor materno, en este caso— se perpetuaría así en la edad adulta: el individuo seguirá castigándose a sí mismo y a su entorno por un conflicto infantil no resuelto. En teoría, si consigue desterrar el conflicto inconsciente —deshacer el condicionamiento infantil— este individuo podría desactivar el mecanismo que le impide vivir de forma adecuada.

Existen diferentes formas de intentar resolver los problemas de origen psicológico y emocional. En el caso de un problema que afecte a la libido, por ejemplo, si se intenta reprimir el deseo, lo más probable es que la energía reprimida se manifieste de la forma más inesperada y menos natural posible. La forma tradicional por la que abogaría el psicoanálisis consistiría en dirigir de nuevo esta energía hacia su cauce natural.

Matthieu Ricard, el científico francés que se convirtió en monje budista y que en 2006 fue declarado por los especialistas en neurociencia «el hombre más feliz del mundo» —obtuvo una puntuación inalcanzable en un estudio sobre el cerebro realizado por la Universidad de Wisconsin, Estados Unidos—, comenta que existe un camino distinto, por el que abogan determinadas filosofías como el budismo, que consiste en no reprimir los deseos, pero tampoco en darles expresión ilimitada sino en intentar liberarse de estos deseos y de las emociones negativas. Muchos filósofos de la tradición occidental han recomendado este camino, sin llegar a sugerir una técnica práctica para llevarlo a cabo. ¿Renunciar a los deseos, sin reprimirlos? Pero ¿cómo? El budismo sugiere un camino muy concreto que encaja razonablemente bien con determinados descubrimientos científicos en materia de conocimiento de la mente y del funcionamiento de las emociones, lo que explica en parte su atractivo para muchos occidentales.

El monje Ricard reprocha al psicoanálisis que se recree en los pensamientos, emociones y fantasías que nos habitan y así empeore el problema. «Los pacientes intentan reorganizar su mundo cerrado y subjetivo como pueden, expresando incluso aquellas energías destructivas y negativas que tal vez conviniese desaprender. Con este sistema clásico, no podemos librarnos de nuestros fantasmas emocionales sino que nos anclamos en ellos, porque nuestro esfuerzo se centra en encontrar la manera de expresarlos de la forma más segura posible, o en todo caso en eliminar o desactivar facetas o expresiones concretas —anecdóticas— de estas emociones negativas». El budismo, explica Ricard, considera en cambio que los conflictos con los padres, u otras experiencias traumáticas, no son la causa básica, sino efectos circunstanciales. La causa básica del problema radicaría en la confusión de la persona con su ego, que le hace sentir atracción y repulsión, deseos continuos y la necesidad de protegerse de lo que el ego ve como peligros para su supervivencia y disfrute. Las técnicas de meditación que recomienda el budismo se centran en el convencimiento de que las emociones negativas —el odio, el deseo, la envidia, el orgullo, la insatisfacción...— no tienen el poder innato que pensamos que tienen. Son sólo, según esta filosofía, espejismos que asaltan nuestra mente, crecen de forma desproporcionada y nos encierran en un teatro mental peligroso.

«Para desactivar estos pensamientos o emociones —sugiere Ricard— hay que saber reconocerlos antes de que desencadenen toda una ristra de emociones negativas de la que luego es muy difícil escapar. Esto se consigue aplicando un antídoto para cada emoción o pensamiento negativo. Con la práctica, nos acostumbramos de forma natural a liberar estos pensamientos cuando llegan a nuestra mente sin demasiado esfuerzo, y los sedimentos rocosos del inconsciente se convierten en hielo que se derrite a la luz de la consciencia». En pocas palabras: en lugar de intentar deshacer la madeja compleja del problema original—el conflicto familiar, por ejemplo—, vamos directamente a desarmar el poder de convencimiento que tienen las emociones negativas, y que consiste básicamente en asustarnos y ponernos en guardia de forma inconsciente.

El pasado nos bloquea y condiciona a base de miedos inconscientes o conscientes. La resolución de estos conflictos no implica necesariamente renunciar a los deseos, sino enfrentarse a los temores que subyacen tras estos deseos. En la raíz del temor se encuentra el miedo a sufrir, a necesitar cosas externas que en realidad podrían ser meros espejismos. El sufrimiento, además de resultar doloroso, es vano: sufrimos de forma inútil. Si en cambio utilizamos el dolor como una brújula que indique cuándo algo no está bien y aprendemos a desactivar los miedos que lo producen, nos será de gran utilidad.

Enfrentarse a los miedos constituye un paso decisivo para vivir mejor. Según Lucinda Bassett, fundadora del Midwest Center for Stress and Anxiety, Estados Unidos, la ansiedad «anticipatoria» —el temor anticipado a que las cosas vayan mal— funciona como una pared que impide alcanzar los objetivos deseados. Es necesario encararse con los miedos, reconocerlos y seguir adelante a pesar de ellos. Atravesar este muro mentalmente, a pesar de la ansiedad y el miedo, y contemplar la vida que nos espera al otro lado puede ser liberador.

Muchas personas retrasan de forma indefinida sus proyectos porque esperan que la pared de ansiedad y de miedo desaparezca: «Empezaré a conducir de nuevo cuando pueda comprar un coche más seguro»; «Volaré en avión a Australia cuando controle mis ataques de pánico»; «Intentaré conseguir este trabajo cuando controle mi ansiedad». Pero eso nunca ocurre, porque los miedos y la ansiedad no desaparecen solos. Para controlarlos, o para desprogramarlos, debemos aprender primero a convivir con ellos y a no permitir, de forma consciente, que limiten nuestras vidas. *Hay que atravesar esa pared, esos obstáculos, con miedo*, para luego poder dejar el miedo atrás. Sólo así la psique se convencerá de que ya no necesita albergar emociones negativas de cara a un determinado evento.

Cuando abordamos una situación sin enfrentarnos al miedo, a la infelicidad y a la obstrucción, podemos ganar la batalla una vez, pero estos elementos volverán a aparecer inevitablemente. Si reprimimos o ignoramos el miedo, siempre tendrá más poder sobre nuestra psique y nuestras emociones que nuestra voluntad.

La terapia de exposición es una herramienta programada para deshacer o desaprender las conexiones que se han ido estableciendo entre distintas situaciones fóbicas de forma progresiva (por ejemplo, el miedo a hablar en público) y reasociar sentimientos de relajación y calma con dichas situaciones.

El doctor Edmund Bourne, especialista en ansiedad y fobias, recomienda una serie de pasos básicos para llevar a cabo la técnica de exposición. El primer paso es determinar el objetivo final en forma de meta concreta, como por ejemplo subir en ascensor, volar en avión, hablar en público o poder acariciar el perro del vecino. En una hoja de papel apuntamos una gradación —es decir, una serie de pasos intermedios que nos permitan ir conquistando nuestros miedos poco a poco—. Se marcan los tiempos en los que se quiere superar el miedo a la situación y se elige una persona de apoyo para que nos dé seguridad durante el proceso.

Es importante tener paciencia y detener el proceso en cuanto los sentimientos se vuelvan demasiado incómodos. Bourne propone una tabla de ansiedad del 0 al 10, en la que sugiere que el 4 sea el indicador de que hay que interrumpir el ejercicio. Así, la tabla empezaría en el 0 —un estado de relajación— y los pasos se incrementan de manera paulatina desde la sensación de ansiedad leve hasta que ésta sea acusada en el nivel 4 (cuando la persona piensa que está perdiendo el control de la situación.) Los estadios del 5 al 10, que hay que evitar, marcarían el inicio de la sensación de pánico hasta la sensación de pánico total. Se interrumpe el ejercicio cuando la ansiedad es incómoda, se da un tiempo de recuperación y se retoma el ejercicio ese mismo día, o al día siguiente si la persona ya está cansada o aburrida.

Es un proceso lento y puede crear resistencia. Esta resistencia puede aparecer en forma de comentarios internos como, por ejemplo, «no puedo hacerlo», «esto no tiene solución», o con la costumbre de retrasar la exposición con cualquier excusa. Un exceso de resistencia puede indicar que necesitamos consultar el problema con un especialista para contar con ayuda profesional.

Si la ansiedad es demasiado intensa al principio, o si no podemos abordar una situación en la vida real, puede optarse por la desensibilización sistemática: imaginar los pasos de la exposición —por ejemplo, que llevamos a cabo un proceso paulatino para perder el miedo a subir en ascensor, visualizando cada paso, poco a poco, día tras día, antes de enfrentarnos a la situación real—.

LO QUE HEMOS APRENDIDO DE LOS DEMÁS NOS CONDICIONA: EL EGO COLECTIVO

«Cuando hemos desarrollado una personalidad y nos identificamos con ella, la sociedad nos devuelve su aprobación con reconocimientos y premios a nuestra conformidad: tenemos trabajo, nos ascienden regularmente, somos miembros leales de una iglesia o nación y nos convertimos en los guardianes de los modelos aceptables. A medida que encajamos en el orden establecido, nos convertimos en parte del ego colectivo». (Carol Anthony, *Amor, una conexión interior*).

Cuando éramos niños a casi todos nos repetían constantemente, como una verdad inexpugnable, que nuestros sentimientos no eran válidos para juzgar qué conducta era la adecuada en cada caso. Cuando llegamos a la edad adulta, dejamos de confiar en nuestra intuición y en nuestras emociones. El adulto necesita aprender a reivindicar su capacidad de evaluar por sí mismo y la confianza en sus emociones. Para ello debe luchar contra los parámetros emocionales y mentales impuestos por la educación y sancionados por la sociedad, tan asimilados que le parecen propios.

La escritora Carol Anthony describe el ego como un conjunto de imágenes de nosotros mismos que hemos elegido para ser menos vulnerables de cara a los demás. Aunque a menudo nuestro ego pueda llegar a confundirnos y nos identifique con estas imágenes como si fuesen nuestro verdadero ser, el ego no deja de ser un papel, un rol que representamos a diario. El ego resulta tan convincente porque lo sostiene toda una estructura social. El ego parece un refugio seguro porque con él nos sentimos menos vulnerables a los demás. Pero al adulto que se confunde con su ego le ocurre como si se hubiese vestido con ropa que no le pertenece y, sin embargo, se identifica con lo que lleva puesto. Aunque el ser emocional de cada persona pueda estar reprimido, no conseguimos nunca engañarnos del todo. En cuanto aparece el fracaso o la conmoción —incluida la experiencia del amor—, el conflicto entre el ego y la verdad individual sale a la luz de la consciencia. Se tambalean entonces los cimientos del ego, pacientemente construido durante toda una vida, y se cuestionan las verdades exteriores aprendidas.

Carol Anthony asegura que el ego colectivo capta instintivamente qué individuos no encajan en el sistema. Los elementos libres, positivos o negativos, inspiran temor. Incluso colectivos, como los artistas y personas creativas o intelectuales, que se rebelan ante la conformidad absoluta al sistema, suelen asociarse entre sí en grupos estancos que profesan sus propias creencias, enfrentados a los estamentos más tradicionales de la sociedad. Cuando crecemos, casi todos nos percatamos de este estado de las cosas y nos ajustamos en función de ello. Decidimos jugar el juego del ego social y nos adaptamos a lo que se nos ofrece; o bien buscamos un grupo de personas con las que podamos identificarnos para sentirnos más acompañados y más seguros. Resulta muy difícil renunciar al sentido de pertenencia a algún grupo humano, sobre todo porque nos han entrenado para tener miedo a aislarnos y, por tanto, nos aferramos a la necesidad de sentirnos aceptados.

Otra herramienta de desaprendizaje es lo que Carol Anthony llama la desprogramación de la mente. Compara el ego a un programa interno instalado en la psique que actúa para convencernos de que nuestro ser es incapaz y débil y debemos doblegarnos a las verdades aprendidas. Asegura que, aunque no podemos desactivar el ego de un plumazo, sí podemos analizar cada elemento del complejo de palabras, verdades a medias, miedos y creencias que lo componen. Es decir, podemos desprogramarlo con paciencia, frase a frase, imagen a imagen. «La desprogramación se consigue retirando la conformidad que dimos, consciente o inconsciente, a determinadas verdades, como resultado de castigos o amenazas, o porque alguien mayor que nosotros nos dijo que eran verdad, o porque nos parecieron probables».

Para ayudar a desprogramar la mente, también resulta útil la idea que presenta la escritora Lise Heyboer acerca de la mente «natural»: «La naturaleza no conoce el orden rígido de los humanos —cada cosa en su sitio, y que nada se mueva—. La naturaleza se mantiene en equilibrio, en un intercambio orgánico de todas las criaturas, cosas y climas... Cuando una cosa cambia, el conjunto busca un nuevo equilibrio. Cuando las personas que tienen una mente natural sufren un contratiempo, su mente busca un nuevo equilibrio de forma natural. No están rígidamente organizadas; existe una simbiosis en todos los aspectos de su personalidad». Esta imagen sugiere que evitemos una organización mental rígida y, en cambio, busquemos el equilibrio de forma constante, de forma similar a lo que ocurre en la naturaleza: allí, cuando un elemento se modifica, el conjunto se reequilibra de forma orgánica. Si estamos rígidamente estructurados, mental y emocionalmente, cualquier cambio —y los cambios son inevitables— desconcierta y desequilibra. De forma natural, como la naturaleza, podemos tender al reequilibrio instintivo, buscando siempre la visión de conjunto. El cerebro está preparado para ello, dada su gran plasticidad. Esta mentalidad «natural» permite además aprehender más fácilmente el lado positivo de los cambios.

EL DESAPRENDIZAJE ES UN PROCESO, NO UNA META

A medida que he ido cumpliendo años he perdido la intensidad de la creencia en la verdad absoluta, sin perder la intensidad de la búsqueda... Nunca antes los individuos y las distintas culturas han tenido una oportunidad como ésta para crear las condiciones y las capacidades para desaprender lo que deberíamos desechar mientras creamos juntos una nueva espiral de comprensión humana y una nueva estructura social. Sólo desearía mantener la energía de la juventud desde esta nueva perspectiva y la certeza de que un desaprendizaje correcto me permitirá no cargar con aquello que antes me parecía la única forma de ser aceptable. (Rick Smyre, 60 años)

Conocerse a sí mismo es imprescindible pero no es suficiente. El siguiente paso es intuir qué queremos hacer con este conocimiento y cómo lo encajamos en la vida de los demás. La pugna por mantener un equilibrio personal en el mundo exterior es inevitable y fructífera cuando ninguna de las dos partes vence absolutamente a la otra. Cuando distinguimos entre el mundo interior y el mundo exterior, la lucha entre ambos es menos agotadora porque se puede regresar al mundo interior para encontrar quietud y serenidad. Los torbellinos y las emociones del exterior no tienen por qué arrastrarnos ni confundirnos. Así podemos aportar a los demás nuestra esencia, en vez de ser un mero reflejo y reacción al caos que nos rodea.

El mundo interior de cada persona se mantiene ágil como se mantiene ágil el cuerpo, con una gimnasia regular. La gimnasia del mundo interior necesita concentración, capacidad de análisis y confianza en los propios sentimientos. No existe una sola manera de llegar a ese lugar de autoconocimiento y de comprensión. El cineasta David Lynch, por ejemplo, empezó a practicar la meditación que, según asegura, cambió su visión del mundo en dos semanas e hizo exclamar a su mujer: «¿Dónde está tu rabia? ¿Por qué ya no estás enfadado?». La visualización, la meditación o cualquier forma de quietud y de concentración, dentro o fuera de un contexto espiritual, ayudan a recobrar un centro emocional más estable y sereno.

La desconfianza y el cinismo, en cambio, arrojan al individuo a la inestabilidad del mundo exterior. Las personas que no han desarrollado un centro emocional definido y estable acaban confundiéndose con el mundo exterior, con sus idas y venidas, con sus reveses e incertidumbres. Recuperar el verdadero mundo interior implica recobrar la imagen y los recuerdos de la niñez perdida. Allí, hasta aproximadamente los 5 o los 6 años, vivíamos en relativa armonía con nuestro mundo interior. La contaminación exterior surge de forma rápida a partir de esa edad. Los padres, o un buen terapeuta, pueden proporcionar pistas fiables para reconstruir la imagen de la persona que éramos en esa primera infancia. Cuando conectamos con nuestro verdadero interior, nuestra vida y nuesta relación con el mundo cobran un sentido más claro y todo resulta más fácil.

En el inicio del proceso de desaprendizaje hay dolor por distintos motivos: un sentido de no pertenencia o, al contrario, la sensación de estar rodeado de una estructura opresiva; confusión, pérdida de los referentes habituales o incluso ausencia de emociones y cierto rechazo al entorno. Tras esa etapa de confusión, se inicia el proceso del cuestionamiento. Éste empieza con una sensación aguda de que algo es injusto, con la necesidad urgente de comprender, de retar y de confrontar. Por supuesto, y casi simultáneamente, surge la resistencia al cambio. Para seguir con el proceso de desaprendizaje la disposición al cambio debe mantenerse contra viento y marea. Ello implica desarrollar y mantener coraje y confianza en uno mismo, pues el proceso puede ser solitario y largo y requiere la apertura a nuevas ideas así como la sensibilidad necesaria para captarlas y asimilarlas.

Sobrevivir implica, en cuanto a instintos básicos, cautela y desconfianza. Pero sobrevivir es también sinónimo de riesgo. La vida necesita renovarse de forma imperiosa para no estancarse. Desaprender —aseguran quienes recorren ese camino— es un proceso, no un destino.

Epílogo

En mi infancia pensaba que yo era un ser diferente a todos los demás. No me culpo por ello: mi mundo era muy pequeño. Sólo podía compararme con las personas con las que convivía: cultivábamos nuestras diferencias, ejercíamos con rigidez nuestra función en el seno de la familia, nos protegíamos frente a los extraños de calles, ciudades y países diferentes. Interpretaba cada costumbre o reflexión ajena como la prueba absoluta de que todos éramos inalienablemente diferentes.

A los 6 años, cuando vivía en Haití, el color de los niños y adultos que me rodeaban era distinto al mío, y su forma de vestir extraña y colorista. Con 8 años, en Washington, todos hablaban un idioma que yo apenas comprendía y me aturdía el ruido de los coches, los edificios imponentes y la alta valla del colegio que me separaba del resto del mundo.

De la modesta y umbría consulta de médico de un pueblo costero de Cataluña, donde pasaba muchas horas cada verano, acompañando a mi querido abuelo Eduardo, recuerdo las largas y estrechas cajas de vidrio llenas de agujas, jeringuillas y espátulas de acero nadando en alcohol, porque en la década de 1970 no existían aún los utensilios desechables; y a los veraneantes que acudían a curar sus quemaduras cubiertas de ampollas purulentas, que mi abuelo raspaba con una espátula reluciente hasta que yo me mareaba. Eran nórdicos altos, rubísimos, de ojos transparentes, con la piel quemada por los rayos de un sol absolutamente implacable para ellos. En sus países, explicaban, el sol no brillaba de la misma manera. Me parecían extraterrestres, condenados a vivir en lugares donde la noche duraba una eternidad.

En los años siguientes también me confundieron los destellos de la juventud y de la inexperiencia. En las universidades y en mis primeros puestos de trabajo todo me parecía nuevo y único: las personas, los silencios, las palabras, la desazón, una explosión de sentimientos y destinos imposibles de catalogar.

Pero un día, tal vez pasados los 30 años, advertí extrañada que ya casi nada parecía sorprenderme. Ya no conocía a las personas por vez primera, sino más bien las *reconocía*. De forma paulatina casi todo empezó a recordarme algo, o alguien, del pasado. El universo poblado de arquetipos jungianos cobró sentido para mí: el mundo me parecía extrañamente familiar, como si todos perteneciéramos a una familia extensa y diversa. Y hace poco me di cuenta, asombrada, de que también yo me confundía en el largo río de risas y llanto humano. No era diferente al resto del mundo. Al principio me pareció abrumadora la sensación de estar perdida en el mar de caras y vidas que me rodeaban; me faltó el aire y rebusqué para encontrar qué me hacía diferente a ellos. No lo hallé. En la búsqueda encontré en cambio las emociones universales y algunas palabras para describirlas que tal vez, en algún momento, podrían reconfortar a algún otro navegante emocional tan desconcertado como yo.

¿Qué conforma el sustrato humano del que estamos todos construidos? La vida humana transcurre a lo largo de distintas etapas naturales que obedecen a señales biológicas, culturales y genéticas diversas. Cada etapa entraña determinados retos a los que cada persona debe enfrentarse para poder seguir adelante. En el núcleo familiar conviven simultáneamente distintas personas, de distintos temperamentos, que atraviesan etapas diferentes. Así, las crisis personales también afectan al entorno familiar y social. Como si estuviese atrapado entre dos espejos, la figura humana se desdobla hasta el infinito: tras cada persona aparecen otras, padres, hijos, madres, abuelos, amigos o perfectos desconocidos, que pueblan nuestras vidas y se cruzan en nuestro camino.

A veces la vida parece estancarse. En estas épocas de espera resulta útil recordar que las etapas de la vida tienen un ciclo natural de crecimiento, plenitud y decadencia, tras el cual se inicia un nuevo ciclo. En esos momentos ni la debilidad ni la impaciencia logran nada. El tiempo de la psique no es el de la vida diaria. Hay que darse tiempo para madurar y encajar las situaciones, tiempo de cara al desarrollo de las relaciones personales, tiempo para reconocer dónde nos hemos estancado y por qué. Hay que situarse en un ámbito más intemporal para poder examinar y superar las crisis propias de cada etapa con calma. «¿Qué necesito? ¿De dónde vengo? ¿Cómo me pueden ayudar estas experiencias para conocerme mejor y evolucionar?». A menudo desperdiciamos oportunidades de cambio porque queremos forzar los acontecimientos en unas circunstancias y un tiempo que no es el suyo. Nos aferramos a nuestros deseos y el miedo, de nuevo, nos condiciona demasiado.

Al contrario de lo que solemos creer, el proceso de evolución y desarrollo humano, psíquico y físico, no se detiene al final de la adolescencia, sino que prosigue durante toda la vida. A lo largo de la vida no cambian las emociones; sólo cambian nuestra capacidad de gestión y nuestros recursos frente a las mismas. Tendemos a considerar la edad adulta como un camino lineal y estable, pero tiene sus propios ciclos o etapas, con puntos de inflexión y crisis características que es necesario reconocer y solucionar de la mejor manera posible. No se puede superar una etapa y adentrarse en la siguiente sin resolver la etapa y crisis anteriores. El umbral de nuestra vida presente es el conjunto de nuestras experiencias pasadas.

Tras los años de la infancia y la adolescencia el adulto sale al mundo exterior, donde ha de aprender a vivir sin la protección del hogar de los padres y sin su consiguiente red de seguridad emocional. Los primeros años de juventud, en general hasta los 25 o los 26 años, son una etapa peculiar y hasta cierto punto engañosa. La «vida real» con sus obligaciones y decepciones todavía queda lejos en esos años: todas las oportunidades aún parecen abiertas y las diferencias y debilidades personales se disimulan tras el barniz de la juventud. La primera prueba real se presentará en breve, cuando cada persona vaya tomando las decisiones, a menudo basadas en motivaciones inconscientes, que empezarán a cerrar puertas y a condicionar el resto de su vida.

En las sociedades occidentales, en esta etapa de optimismo y libertad no se nos dice claramente que cada paso mal dado tendrá repercusiones importantes para el futuro.

Muchos se confían y no se esfuerzan en sacar partido a este tiempo dorado y efímero que parece prolongarse eternamente. La familia suele pasar a un segundo plano al descubrir con emoción que se puede elegir al propio grupo humano: la red de amigos y los primeros amores son el campo de ensayo de la fusión con los demás. El amor, la búsqueda de pareja, la amistad, todo apunta a una etapa vital en la que descubrimos a los demás, a veces a costa de alejarnos de nuestro propio centro, sobre todo si no tuvimos antes una buena educación emocional.

En torno a la treintena la mayoría elige ya pareja estable y una profesión con la que ganarse la vida. La borrachera de juventud y despreocupación empieza a tocar fin. Para algunos se tratará de encararse a una nueva etapa de la que también podrán extraer experiencias positivas, sobre todo si la elección de pareja ha sido acertada: ésta será sin duda una de las decisiones que más pesará en la balanza de la felicidad de cada uno, por encima del nivel económico y de la ocupación profesional. Para otros, sin embargo, los espejismos de la juventud desvelan ahora un camino más accidentado y dificultoso del que esperaban. La vida empezará a propinar decepciones profesionales, personales, económicas, emocionales. En el horizonte de los eventos tristes o dolorosos que pudieran ocurrirnos a partir de cierta edad, cada vez es más probable que algo nos alcance: la traición de un amigo, la muerte de un familiar, los problemas económicos para llegar a fin de mes, las crisis con la pareja, las limitaciones económicas que nos obligan a vivir donde no queremos y, con la llegada de los hijos, la falta de tiempo, el cansancio y una responsabilidad inacabable hacia la vida de los demás.

Algunas personas llegan a la madurez en torno a los 35 años, escarmentadas por el dolor. Deciden entonces que las emociones son dañinas, que existen sentimientos que hay que apartar de uno mismo para no sufrir. A veces a este proceso lo llaman «madurar»: se refugian en ser razonables, niegan la fuerza del amor y se resisten a considerar que el dolor pueda ser una fuente de transformación y de empatía. Prefieren vivir con las emociones adormiladas o reprimidas con tal de no enfrentarse a sus efectos transformadores e intensos.

La emoción no es debilidad. Sin emoción no hay vida plena. No se pueden ignorar las emociones porque siempre están ahí: estamos obligados a hacer algo con ellas. Si las apartamos, reaparecen en sueños o bien a través de otras manifestaciones inconscientes, como las crisis de angustia, tan corrientes en los momentos difíciles de la edad adulta. La psique se resiste a morir, a despojarse de las ganas de vivir y de sentir. El instinto lucha por seguir vivo. Aquellas personas que creen que el paso de los años entraña la renuncia a las emociones y a los sueños aceptan tácitamente envejecer, aceleran incluso el proceso de envejecimiento, físico y psíquico, para acabar cuanto antes con el dolor de la lucha interna que padecen. Es una salida habitual a la crisis denominada «luto por la juventud», cuando triunfan los miedos de la edad adulta: el miedo a la muerte, a quedarse sin trabajo, al dolor emocional, a la soledad... y sobre todo, el miedo al cambio.

En realidad, la vida después de los 40 años debería ser una vida rica psíquicamente: las emociones son tan rotundas como a los 20 años, pero se ha acumulado experiencia para hacer frente a la marea emocional, e intuición y templanza para recorrer el camino con conocimiento de causa. Conocemos el valor del tiempo y sabemos que somos capaces de sobrevivir al dolor. Reconocemos de forma instintiva nuestros patrones negativos y a veces podemos evitarlos, o incluso desactivarlos. Las inundaciones emocionales son menos frecuentes. Cuando surgen, el sentido del humor, una magnífica herramienta de gestión emocional que suele florecer con la madurez, nos permite incluso celebrar que nuestra psique esté viva. La debilidad y el desconcierto emocional son pasajeros cuando tenemos los recursos para analizar una situación y para gestionarla adecuadamente. Cuando entendemos las causas de nuestro desasosiego emocional, podemos razonarlo e incluso controlarlo. Con cada esfuerzo que realizamos por entender y situar en su contexto nuestras emociones y nuestra vida salimos reforzados.

Otro elemento importante en toda vida humana es la integridad, la fusión de la identidad pública y privada. Una identidad adulta sana encajará tanto con nuestra personalidad como con el mundo que nos rodea. Si éste no es el caso, probablemente suframos problemas psíquicos, como depresión o ansiedad. Una persona gregaria y activa se deprimirá en una profesión solitaria. Una mujer solitaria y pacífica no será feliz trabajando en el servicio de urgencias de una ciudad peligrosa. Si nuestra identidad adulta no encaja con el entorno que nos rodea, nos sentiremos alienados. Antaño las personas luchaban contra la tiranía de una sociedad de estructura férrea. Pero en una sociedad donde ya no se nos imponen tantas estructuras mentales y sociales, las crisis identitarias no suelen ser fruto de los conflictos interpersonales, sino de los internos. Tenemos un ámbito de elección muy amplio y muy pocas referencias por las que guiarnos. Es contra sí mismo contra quien el individuo suele rebelarse.

Otra oportunidad que ofrece la madurez emocional es no confundir nuestro ser con nuestras circunstancias, sobre todo cuando éstas se tornan difíciles. Los adultos emocionalmente maduros saben que el mundo es inseguro y cambiante y que nada externo puede proporcionarles una seguridad real. Buscan, por tanto, esa serenidad en su interior. Así, cuando los problemas acechan, es posible que hallemos en nosotros mismos un lugar emocionalmente seguro al que acudir —el hogar invisible que todos guardamos en nuestro interior, aquel que los niños, en su infancia, necesitan ver proyectado en el hogar de sus padres—. Durante la juventud se lucha casi hasta físicamente para conseguir una forma de vida determinada y reclamar un lugar en el mundo. La madurez supone una lucha basada en los valores conscientemente elegidos. Aunque es la etapa del reconocimiento de la realidad —es decir, de los límites—, lo es también del desarrollo de la fuerza necesaria para superar los obstáculos, y de la capacidad de apartarse de forma consciente de determinados modos de vida, influencias o personas. Todo ello implica riqueza y fortaleza interior, desde cualquier perspectiva vital o creencia que se tenga.

La escritora Lise Heyboer dice: «... la vida necesita ritmo y estructura, pero no acepte que éstos sean rígidos, porque entonces no estará vivo. Componga su propia música, cree un jardín como un cuento de hadas, prepare una cena de reyes, ame como Romeo. Cuando uno abandona el camino corriente, esculpe un paisaje en el alma y la vida ya no es una línea recta del nacimiento a la muerte. Surge un panorama de montañas y campos que aportan estructura y energía al alma. Más tarde todo se poblará de ricas memorias». En este camino y en este paisaje, cualquier apoyo es bienvenido: la mirada cómplice, la palabra de aliento, el destello de comprensión. Nacer y vivir en este gigantesco y apasionante laboratorio humano implica una soledad implacable, a veces difícil de superar. Sin embargo, no podemos renunciar a encontrar el sentido de nuestra vida ni a compartirlo con los demás, desde la compasión y el respeto que merecen tantas personas por el esfuerzo inmenso que supone aprender a vivir sin miedo.

Bibliografía básica

ANTHONY, C., *Amor, una conexión interior*, Anthony Publishing Company, 2013.

ASCIONE, E.; FRANK, R., y ARKOW, P. (ed.), *Child Abuse, Domestic Violence and Animal Abuse*, Purdue, 1999.

BACHRACH, E. *Ágilmente: aprende cómo funciona tu cerebro para potenciar tu creatividad y vivir mejor*, Conecta, 2012.

BAROCIO, R., *Los temperamentos en las relaciones humanas/* Ed. Pax, 2005. www.rosabarocio.com.

—, *Disciplina con amor*, Ed. Pax, 2005.

BARON-COHEN, S., *La gran diferencia: cómo son realmente los cerebros de hombres y mujeres*, Amat, 2005.

BARTELS, A., y ZEKI, S., «The neural basis of romantic love», informe para el departamento de Neurología Cognitiva, University College London, 2000.

BELAND K. y DOUGLASS, J., *School-Connect: Optimizing the High School Experience*, Bethesda, 2006.

BLACKMORE, S. J., y FRITH, U., *Cómo aprende el cerebro*, Ariel, 2007.

BOTTON, A., *Cómo cambiar tu vida con Proust*, Ediciones B, 1998.

BOWLBY, J., *La separación (El apego y la pérdida II)*, Paidós, 1985.

BRIZENDINE, L., *El cerebro femenino*, RBA, 2007.

CAMPBELL, J., *Los mitos: su impacto en el mundo actual*, Kairós, 1994.

CAMPBELL, R., *How to Really Love your Child*, David C. Cook, 2004.

CARSON, R., *El sentido del asombro*, Encuentro, 2012.

CHAPMAN, G., y CAMPBELL, R., *Los cinco lenguajes del amor de los niños*, Unilit, 2013.

CSIKSZENTMIHALYI, M., *Fluir: una psicología de la felicidad*, Kairós, 1997.

CYRULNIK, B., *Los patitos feos*, Debolsillo, 2013.

DAMASIO, A., *El error de Descartes*, Crítica, 2001.

—, *En busca de Spinoza*, Destino, 2011.

DARWIN, C., *La expresión de las emociones en los animales y en el hombre*, Alianza, 1998.

DAVIDSON, R. J., *El perfil emocional de tu cerebro*, Destino, 2012.

DAWKINS, R., *El capellán del diablo*, Gedisa, 2005.

DEMAUSE, LL., *Historia de la infancia*, Alianza Editorial, 1994.

DENNETT, D., *Consciousness Explained*, Back Bay Books, 1992.

DIAMOND, J., *El síndrome del hombre irritable*, Amat, 2006.

EISLER, R., *El cáliz y la espada; nuestra historia, nuestro futuro*, Cuatro Vientos, 2003.

EKMAN, P., *Emotions Revealed*, Phoenix, 2003.

ELIAS, M. J., *et al.*, *Educar con inteligencia emocional*, Plaza y Janés, 2000 / Debolsillo, 2011.

ERIKSON, E., *Identidad, juventud y crisis*, Paidós, 1968.

EVANS, D., *Emotion, The Science of Sentiment*, Oxford University Press, 2001.

FISHER, H., *Por qué amamos*, Taurus, 2005.

FREDERICKSON, B., y LOSADA, M., «Positive Affect and the Complex Dynamics of Human Flourishing», *American Phsychologists*, 60 (7), 2005.

FREY, B., y STUTZER, A., *Happiness and Economics*, Princeton University Press, 2002.

GEDDES, H., *Attachment in the Classroom*, Worth Publishing, 2005.

GERHART, S., *Why Love Matters*, Routledge, 2004.

GILBERT, D., *Tropezar con la felicidad*, Destino, 2006.

GINNOT, H., *Entre padres e hijos*, Omega, 2005.

GLASSER, W., *Teoría de la elección*, Paidós, 1999.

GOLEMAN, D., *Inteligencia emocional*, Kairós, 2000.

—, *Inteligencia social*, Kairós, 2011.

—, *El cerebro y la inteligencia emocional*, Ediciones B, 2013.

—, BOYATZIS, R. E. y MCKEE, A., *El líder resonante crea más*, Debolsillo, 2005.

GOTTMAN, J., *Raising an Emotionally Intelligent Child*, Simon and Schuster, 1997.

—, *Siete reglas de oro para vivir en pareja*, Debolsillo, 2012.

HEYBOER, L., www.yijing.nl.

HILLMAN, J., *A Blue Fire*, Routledge, 1989.

—, *El pensamiento del corazón*, Siruela, 2008.

—, *El mito del análisis*, Siruela, 2000.

JUNG, C. G., *Recuerdos, sueños, pensamientos*, Seix Barral, 1966.

KATHIN, N.. *et al.*, "Amigdalam and Hippocampal Abstracts of Anxious Temperaments Differ in their Heritability", *Nature*, 466 (7308), 2010.

KEHOC, T. D., *Hearts and Minds: How Our Brains Are Hardwired for Relationships*, Casa Futura Technologies, 2003.

KENDRICK, K., *Understanding the Brain: a Work in Progress*, Gresham Lecture, 2010.

LANTIERI, L. (ed.), *Schools with Spirit*, Beacon Press, 2001.

—, y PATTI, J., *Waging Peace in Our Schools*, Beacon Press, 1996.

LEDOUX, J., *Synaptic Self, How Our Brains Become Who We Are*, Penguin, 2003.

—, *El cerebro emocional*, Ariel, 1999.

LEVIN, D., y CARLSSON-PAIGE, N., *The War-Play Dilemma*, Teachers College Press, 2006.

LEVY, N., *La sabiduría de las emociones*, Debolsillo 2010.

LIEVEGOED, B., *Las etapas evolutivas del niño*, Ed. Rudolf Steiner, 1999.

LÓPEZ SÁNCHEZ, F., *Amores y desamores*, Biblioteca Nueva, 2009.

—, *La educación sexual*, Biblioteca Nueva, 2013.

MARCIAUX, M., *La resiliencia: resistir y rehacerse*, Gedisa, 2003.

MARINA, J. A., *El laberinto sentimental*, Anagrama, 1996.

MILNE, D., *Coping with a Mid-Life Crisis*, Sheldon Press, 2004.

ORR, D., *Earth in Mind: On Education, Environment and the Human Prospect*, Island Press, 2004.

PINKER, S., *La tabla rasa: la negación moderna de la naturaleza humana*, Paidós, 2003.

PUNSET, E., *El viaje a la felicidad*, Destino, 2005.

—, *El alma está en el cerebro*, Booket, 2012.

—, *El viaje al amor*, Destino, 2007.

—, *El viaje al poder de la mente*, Destino, 2010.

—, *El viaje a las emociones*, Destino, 2012.

—, *El viaje a la vida*, Destino, 2014.

—, *Excusas para no pensar*, Destino, 2011.

PUNSET, ELSA, *Una mochila para el universo: 21 rutas para vivir con nuestras emociones*, Destino, 2012.

REVEL, J.-F., y RICARD, M., *El monje y el filósofo*, Urano, 1998.

RICARD, M., y TRINH XUAN THUAN, *The Quantum and the Lotus*, Three Rivers Press, 2001.

RIERA, M., *Staying connected to your teenager*, Perseus, 2003.

ROGERS, C., *El camino del ser*, Troquel-Kairós, 1989.

ROJAS MARCOS, L., *Convivir*, Aguilar, 2007.

RUDHYAR, D., *Planetarización de la consciencia*, Ed. Sirio, 1970.

RUSSEL, B., *El conocimiento humano*, Taurus, 1977.

—, *Matrimonio y moral*, Cátedra, 2001.

—, *Autobiografía*, Edhasa, 2010.

SALOMON, A., *El demonio de la depresión*, Debate, 2015.

SANDOZ, M., *Así eran los sioux*, J. J. de Olañeta, 1996.

SANTANDREU, R., *El arte de no amargarse la vida*, Paidós, 2015 (edición ampliada).

—, *Las gafas de la felicidad*, Grijalbo, 2014.

SAPOLSKY, R., *La guía del estrés*, Alianza, 1995.

—, *¿Por qué las cebras no tienen úlcera?*, Alianza, 2008.

SCHRAUF, R. W., y SÁNCHEZ, J., «The preponderance of negative emotion words across generations and across cultures», *Journal of Multilingual and Multicultural Development*, 25 (2.3), 2004.

SELIGMAN, M., *La auténtica felicidad*, Ediciones B, 2003.

SIEGEL, D. J., *El cerebro del niño*, Alba, 2013.

STAUB, E., *Personality. Basic Issues and Current Research*, Prentice Hall, 1980.

URY, W., *Supere el no: cómo negociar con personas que adoptan posiciones inflexibles*, Gestión, 2001, 2012.

DE VOGLI, R.; CHANDOLA, T. y MARMOT, M. G., "Negative aspects of close relationships and heart disease", *Arch Intern Med.*, 167 (18), 2007.

WALTON, S., *Humanity, an Emotional History*, Atlantic Books, 2004.

WILD, R., *Educar para ser*, Herder, 1996.

WOOD, C., *Yardsticks: Children in the Classroom*, Northeast Foundation, 2007.

Brújula para navegantes emocionales, de Elsa Punset Bannel
se terminó de imprimir en noviembre de 2015
en los talleres de
Litográfica Ingramex, S.A. de C.V.
Centeno 162-1, Col. Granjas Esmeralda, C.P. 09810 México, D.F.